Das Abenteuer deines Werdens

AF191160

Manfred Sliwka

Das Abenteuer deines Werdens

*Was junge Menschen
lernen sollten,
um in der Welt von morgen
erfolgreich zu sein*

Zwölf Briefe

Bibliographische Information der Deutschen Bibliothek:

Die Deutsche Bibliothek verzeichnet diese
Publikation in der Deutschen Nationalbibliographie;
detaillierte bibliographische Daten sind im Internet
unter http://dnb.ddb.de abrufbar.

Manuskriptbetreuung: Luitgard Pohlen
Umschlaggestaltung: johnen-druck GmbH & Co. KG, Bernkastel-Kues
Herstellung und Verlag: Books on Demand GmbH, Norderstedt
ISBN 3-8334-2877-5

Inhaltsverzeichnis

Einführung:
Musst du ein Schwein sein? 7

1. Brief:
Wo willst du das Abenteuer deines Lebens leben? 14

2. Brief:
Die persönliche Begabung erkennen und entfalten 20

3. Brief:
Die Philosophie des Nutzenbietens 28

4. Brief:
Ziel- und ergebnisorientiert arbeiten 42

5. Brief:
Lerne dein »Handwerk«! 50

6. Brief:
Nicht der Stärkste überlebt, sondern der Kreativste 62

7. Brief:
Auch Misserfolge und Schwierigkeiten gehören zum
Leben – es kommt darauf an, was du daraus machst 70

8. Brief:
Die Schlüsselfähigkeit: Kommunikation 78

9. Brief:
Alles hat seinen Preis: Der Umgang mit dem Geld........... 88

10. Brief:
Alles hat seine Stunde: Der Umgang mit der Zeit............ 94

11. Brief:
Die Frage nach dem Sinn: Was soll das Ganze?................100

12. Brief:
Das persönliche Entfaltungskonzept............................ 110

Buchempfehlungen....................................... 127

Über die Arbeit des Autors 135

Musst du ein Schwein sein?

»Du musst ein Schwein sein!« So sang vor vielen Jahren die Popgruppe »Die Prinzen«. Beim Herumzappen am Fernseher habe ich einen noch viel schlimmeren Text gehört: »Es ist geil, ein Arschloch zu sein.« Liedermacher sind höchst sensible Menschen. Sie erspüren den Zeitgeist und versuchen ihn zu treffen. Wenn sie ihn treffen, wird der Song ein Erfolg. Zumindest das Lied der »Prinzen« war ein großer Erfolg.

Und das macht mir Angst.

Ist das die Theorie, an die heute junge Menschen glauben? Muss man ein Schwein sein, um in der Welt von morgen erfolgreich zu sein? Wenn man Zeitung liest und Nachrichten hört, könnte man es manchmal fast glauben. Aber da darf man sich eben nicht täuschen lassen. Die, die auf krummen Wegen zu etwas gekommen sind, geben ja für die Presse eine Story her. Über die, die auf anständige Weise das Leben meistern, steht seltener etwas in der Zeitung.

Seit über 40 Jahren arbeite ich mit Führungskräften in der Wirtschaft, mit Unternehmern aus mittelständischen und Großbetrieben, mit Verantwortungsträgern in der Gesellschaft und der Politik – erfolgreichen und weniger erfolgreichen. Ich habe auch Menschen kennen gelernt, die gescheitert sind.

Da drängt sich die Frage auf, wovon hängt es denn ab und worauf kommt es an, dass das Leben gelingt und man sein Leben erfolgreich meistert? Wobei ich Erfolg keineswegs nur materiell verstehe. Erfolg ist eben nicht nur das dicke Bankkonto, das große Auto, die großen Titel. Erfolgreich ist ein Mensch, der die Fähigkeit gewinnt, sein Leben selbstverantwortet und eigenständig zu gestalten und zufrieden oder gar glücklich zu sein.

> *Der entscheidende Faktor, damit das Leben gelingt,*
> *ist die richtige Lebensphilosophie,*
> *ist das persönliche Wertesystem.*

Die Psychologin Charlotte Bühler hat die schönste Formel dafür gefunden, wann ein Mensch erfolgreich ist: »wenn das Leben gelingt«.

Die Frage, worauf es ankommt, dass das Leben gelingt, hat sich mir während meiner Arbeit zunehmend gestellt. Ist die Intelligenz entscheidend? Nein! Es gibt Menschen mit einem hohen Intelligenz-Quotienten (IQ), die mit dem Leben nicht zurechtkommen. Es gibt Menschen mit einem niedrigeren IQ, die das Leben hervorragend meistern.

Ist es eine Frage der Erfolgstheorien und Rezepte, der Managementmethoden oder des Studiums? Nein!

Aber worauf kommt es denn dann an?

Die Quintessenz meiner 40-jährigen Arbeit lautet – und ich habe lange gebraucht, um das zu begreifen: Der entscheidende Faktor, damit das Leben gelingt, ist die richtige Lebensphilosophie, ist die richtige Grundeinstellung, ist das persönliche Wertesystem, mit dem ein junger Mensch an das Leben herangeht.

Die Stärke einer Persönlichkeit hängt nicht von ihren Zeugnissen und nicht von ihrer Intelligenz, nicht von ihrem Bildungsweg ab. Persönlichkeit ist eine Frage der Werte, die ein Mensch lebt und die von den Mitmenschen erlebt werden. Das gilt in der Familie. Das gilt im Beruf. Das gilt in der Gesellschaft.

Da gibt es zwei Schlosser. Beide haben ein hervorragendes Know-how und können mit Werkzeugen und Schweißgeräten brillant umgehen. Der eine packt sich morgens seine Werkzeugtasche und fährt los, um Maschinen zu flicken. Der andere packt sich abends seine Werkzeugtasche, um Tresore zu knacken. Der Erste wird vermutlich ein vernünftiges Leben führen, der Zweite vermutlich im Kittchen landen. Wenn beide Schluderer wären, dann bekäme der Erste die Maschine nicht ans Laufen, der Zweite den Tresor nicht auf. Große Gangster waren immer große Könner. Aber sie hatten ein falsches Wertesystem.

Hitler ist nicht an seiner mangelnden Führungsfähigkeit gescheitert – die war gewaltig, leider –, sondern an seinem falschen Wertesystem.

Was sind die Werte einer starken Persönlichkeit? Und wo nehmen wir sie her?

Angeregt durch den Lübecker Unternehmer Gregor Wintersteller wurde 1997 in Zusammenarbeit mit der Zeitung »Lübecker Nachrichten« und den drei Lübecker Hochschulen eine Wertedebatte eingeleitet. In einer Matinee am Tag der Deutschen Einheit am 3. Oktober 1997 habe ich im Saal der Musikhochschule meine Vorstellungen über das Wertesystem einer verantwortlich handelnden Persönlichkeit in einer freiheitlichen offenen Gesellschaft dargelegt – mit einer überraschenden Resonanz.

Der Grundgedanke dieses Vortrags war, dass der höchste Wert das »Gedeihen des Lebens in Vielfalt und Fülle« ist. Und dass man daraus die Werte einer verantwortungsbewussten starken Persönlichkeit ableiten kann.

Gerold Schmiedbach, Geschäftsführer der Industrie- und Handelskammer Darmstadt, regte daraufhin an, mit Schülern darüber zu diskutieren, was sie lernen sollten, um in der Welt von morgen erfolgreich zu sein. Das ist an vielen Schulen geschehen: von der Hauptschule bis zu Hochschulen – gelegentlich vor 400 Schülern in einer Turnhalle und zum Teil mit heftigsten Diskussionen.

Ich wurde immer wieder gefragt, ob es dazu nicht ein Buch gebe. Den letzten Anstoß, dieses zu schreiben, kam von einer jungen Führungskraft: Patrick Wallinger. Hier ist das Buch. Es sind zwölf Briefe an einen jungen Menschen.

Jeder Brief hat einen Anhang. Er ist die Quintessenz, die diesen Brief zusammenfasst. Quintessenz – ein wunderbares Wort. Quintus heißt fünf. Essenz ist das Wesen einer Sache. Eine der wichtigsten Fähigkeiten, die man im Leben erlangen kann, ist, im Wust von Wissen, das heute über die Welt schwappt, schnell das Wesentliche zu erkennen, das, worauf es ankommt.

Dazu möchte ich die Quintessenz-Methode empfehlen, die ich hier anwende. Sie ist die Methode, den Inhalt eines langen Textes auf wenige Thesen zu konzentrieren. Heute ist durch die Lernforschung bestätigt: In unserem Kurzzeitgedächtnis können wir fünf bis sieben Informationen schnell aufnehmen und uns damit Überblick schaffen.

Natürlich weiß ich, dass es für junge Menschen auch Schwierigkeiten geben kann. Einige bangen um eine Lehrstelle oder um einen sicheren Arbeitsplatz nach Lehre oder Studium. Auch Jugendliche sind schon arbeitslos. Es gibt Angst vor der Globalisierung, vor der Umweltverschmutzung, vor Terrorismus, Hunger, Not. Vieles ist in Unordnung geraten.

Hat es jemals
ein Paradies gegeben, in dem alles sicher
und verlässlich war? Die Welt war immer im
Werden und immer im Umbruch.

Ein Vater hat mir einmal gesagt: »Die Kinder werden es schwer haben.« Ist das so?

Wenn man sich die Geschichte der Menschheit ansieht:

Hat es jemals ein Paradies gegeben, in dem alles sicher und verlässlich war? Die Welt war immer im Werden und immer im Umbruch.

Schauen wir nur in das letzte, das 20. Jahrhundert. Da gab es vor dem Ersten Weltkrieg eine untergehende Gesellschaft, die niemand besser geschildert hat als Stefan Zweig in »Die Welt von gestern« und Thomas Mann in seinem Buch »Buddenbrooks« am Beispiel einer Familie. Er bekam dafür den Literatur-Nobelpreis.

Unter Kaiser Wilhelm II. begann der Erste Weltkrieg, und junge Menschen haben auf den Schlachtfeldern von Verdun und Langemarck ihr Leben verloren oder sind bei Ypern im Gas erblindet. Der Krieg wurde verloren.

Es folgte eine furchtbare Wirtschaftskrise mit acht Millionen Arbeitslosen, die im Unterschied zu heute fast nichts bekamen und vor Suppenküchen Schlange stehen mussten, um etwas Warmes im Bauch zu haben.

Dann kam 1933 der große Menschenfänger Hitler an die Macht, auf den zunächst viele ihre Hoffnungen setzten. Sechs Jahre später brach er den Zweiten Weltkrieg vom Zaun. Auch da haben wieder viele junge Menschen ihr Leben verloren. Sie sind in U-Booten armselig abgesoffen, in einem furchtbaren Winter in Russland erfroren, in den Städten im Bombenhagel gestorben, bei Stalingrad in Erdlöchern erschossen worden.

Oder sie sind enthauptet worden, wie die Studenten der Gruppe »Die Weiße Rose« mit den Geschwistern Scholl, weil sie das Spiel nicht mehr mitmachen wollten. Junge Menschen sind, wenn sie Juden, Sinti oder Roma waren, in Konzentrationslager gesperrt und umgebracht worden. Der Zweite Weltkrieg hatte über 50 Millionen Tote und ein zerstörtes Europa zur Folge.

Dann kam der Wiederaufbau mit einem Wirtschaftswunder, das große Hoffnungen schenkte.

Aber die Hoffnung auf eine friedliche Wohlstandswelt

zerstob, als der Eiserne Vorhang über Europa niederging. Die Folge war eine wahnsinnige Aufrüstung der beiden Blöcke mit Atomraketen. Immer musste man Angst haben, dass jemand auf den Knopf drücken würde. Das endete mit dem Fall der Mauer und dem Zerfall der Blöcke.

Wir leben heute in einer offenen Welt, die keineswegs problemlos ist. Jede Zukunft aber war immer eine große Herausforderung. Die Welt wäre ja auch langweilig, wenn es keine Herausforderungen gäbe, die gemeistert werden müssten.

Aber gerade diese offene und plurale Welt beschert uns ein neues Problem, das frühere Generationen nicht hatten: Es gibt keine sicheren Systeme mehr. Wir haben keine sichere Orientierung und keine sicheren Werte.

Die Fülle der Möglichkeiten, die die offene Welt heute bietet, schreit nach Orientierung, die keiner mehr vorgibt. Früher gab es nationale Werte, die Orientierung boten. Sie sind gnadenlos missbraucht worden.

Religiöse Werte gaben Richtung und Halt. Diese Werte sind in der Beliebigkeit des Denkens, mit der wir heute leben, für viele Menschen schwach geworden.

Wir leben in einer Welt voller Möglichkeiten,
wie sie junge Menschen in der Menschheitsgeschichte
noch kaum hatten.

Wir leben in einer Welt voller Möglichkeiten, wie sie junge Menschen in der Menschheitsgeschichte noch kaum hatten. Aber es ist auch eine Welt, die keine allgemein anerkannten Wertegeber mehr hat. Sie nennt sich plural, und genau da liegt das Wertedilemma: Eine plurale Welt erkennt keine zentralen Wertegeber an, aber gerade eine plurale Welt braucht Werte, weil sonst alles in der Beliebigkeit zerfleddert.

In all dieser Diffusität und Unübersichtlichkeit wird es

umso wichtiger für einen jungen Menschen, ein eigenes Lebenskonzept zu gewinnen, das die Basis seiner Persönlichkeit stärkt: das eigene Wertesystem.

Das Leben ist ein großes Abenteuer mit allem, was zu einem Abenteuer gehört: Es ist nicht berechenbar und letztlich auch nicht planbar. Aber es ist gestaltbar. Es gibt Niederlagen. Es gibt Überraschungen. Es gibt wundervolle Erlebnisse und traurige. Aber es ist nie langweilig, wenn man mit Ideen und Lernbereitschaft herangeht.

März 2005   *Manfred Sliwka*

1. Brief

Wo willst du das Abenteuer deines Lebens leben?

Im Bungee-Springen, im Paragliding oder in einer beruflichen Aufgabe, die dir Spaß macht?

Wir leben in einer ziemlich verrückten Welt. Sie ist voller Aufgaben, voller Probleme und voller Herausforderungen. Es gibt viele höchst interessante Aufgaben, die zu lösen wären.

Aber viele – auch junge – Menschen suchen einen Job, in dem sie möglichst bequem möglichst viel Geld verdienen. Das Abenteuer ihres Lebens verlagern sie auf die Freizeit: den Feierabend, das Wochenende, den Urlaub.

Wir alle brauchen Abenteuer.
Sonst wäre das Leben langweilig.

Ich kenne Führungskräfte, die steigen durch die Eiger-Nordwand – das bewundere ich sehr, weil ich es nie könnte –, aber die »Eiger-Nordwand« im eigenen Unternehmen umgehen sie weiträumig. Ich habe das einmal in Mainz bei einer Podiumsdiskussion mit der rheinland-pfälzischen Kultusministerin gesagt. Da kam hinterher ein Unternehmer zu mir und sagte: »Vielen Dank für den Vergleich mit der Eiger-Nordwand. Ich habe in meinem Büro auch noch eine Eiger-Nordwand herumstehen, die ich bisher weiträumig umgangen habe. Ich verspreche Ihnen: Morgen früh gehe ich sie an.«

Wir alle brauchen Abenteuer. Sonst wäre das Leben langweilig. Ich gönne auch jedem den Spaß in der Freizeit.

14

Aber ich habe kein Verständnis für junge Menschen, die Forderungen an die Gesellschaft und an die Politik stellen, dass sie ihnen gute Jobs zur Verfügung zu stellen hätten, mit denen sie ein bequemes und komfortables Leben führen können, um dann das Abenteuer in Herausforderungen zu suchen, die nicht zur Kernaufgabe des Lebens gehören: erst einmal seine persönliche Existenz zu meistern.

Am Anfang steht die richtige Lebensphilosophie: Du willst eine berufliche Aufgabe finden, in der du deine Begabungen und deine Möglichkeiten entfalten kannst und Herausforderungen annehmen, aus denen du lernen und an denen du dich entwickeln kannst.

Ich bin in einem Winzerbetrieb an der Mosel aufgewachsen. Als Schüler und Student musste ich in den steilen Weinbergshängen körperlich hart mitarbeiten. Das war an heißen Sommertagen sehr anstrengend. Zugegeben, ich habe auch manchmal gemotzt, wenn meine Eltern mich verdonnert hatten, in den Weinbergen zu arbeiten.

Umso mehr habe ich es genossen, am Feierabend oder am Wochenende Freizeit zu erleben, mit meinen Freunden in der Mosel zu schwimmen, unter den Kastanienbäumen vor der alten Schule zu sitzen, zu flachsen, zu reden und manchmal auch Unsinn anzustellen.

Viele haben die alte Regel vergessen: Genießen können ist Lohn für Leistung.

Der Philosoph Ernst Bloch spricht von den zwei Glücken, die man im Leben erleben kann: Das Glück der wilden verwegenen Jagd – erst einmal die Beute fangen – und dann das Glück des Genießens: auf der Bärenhaut liegen, den Braten genüsslich verzehren und fröhliche Gespräche führen.

Im Nymphenburger Schloss bei München habe ich eine Diskussion erlebt mit dem bedeutendsten Evolutionsforscher des 20. Jahrhunderts, dem Harvard-Professor Ernst Mayr. Am Schluss fragte ihn ein Student: »Herr Professor

Mayr, was ist Leben?« Er antwortete: »Ja, wenn ich das wüsste.«

Kluge Leute haben auf diese Frage allerdings einige Antworten gefunden, z. B. der Philosoph Karl Raimund Popper. Der gebürtige Österreicher lehrte an der London School of Economics und wurde von der englischen Königin geadelt: Sir Karl Popper. Sein letztes Buch, das kurz nach seinem Tode erschien, hat den wunderbaren Titel »Alles Leben ist Problemlösen«. Und damit ist fast alles gesagt.

Der Verhaltensforscher Konrad Lorenz hat es anders ausgedrückt: »Leben ist Lernen.« Leben ist ein ewiger Lernprozess. Das Leben konnte nur gedeihen, wachsen und entstehen, weil es immer gelernt hat. Der Evolutionsprozess in der Natur ist ein grandioser Lernprozess auf der Suche nach immer neuen Lebenschancen. Lernen ist der natürlichste Vorgang überhaupt. Was nicht lernt, lebt nicht. Ein Stein kann nicht lernen. Jede Pflanze, jedes Tier lernt, um immer neue Überlebensstrategien zu entwickeln. Das Leben hat gerade aus großen Krisen am meisten gelernt. Darüber werde ich dir in einem anderen Brief noch berichten.

Ich halte die Meinung, die viele Menschen haben, für pervers: Arbeit ist eine lästige Pflicht, die man nur machen muss, um seine Brötchen zu verdienen. Leben fände anderswo statt.

Wir hatten einmal eine amerikanische Austauschschülerin in unserem Hause zu Gast. Ich fragte sie, was ihr Lebensmotto sei. Sie gab mir spontan zur Antwort: »I want to have fun.« Nach einigen Tagen bekam sie Heimweh und rief jämmerlich zu Hause an. Ihre Mutter sagte: »Dann komm nach Hause.« Wir haben sie nach Frankfurt zum Flughafen gefahren, und sie ist zurückgeflogen.

Auch unsere Tochter ist im Alter von 16 Jahren zum Schüleraustausch nach Amerika geflogen. Wir hatten ihr gesagt: »Das ist ein großes Abenteuer, zum ersten Mal von zu Hause weg zu sein. Steh das durch. Und wenn du Heimweh bekommst, wird es nichts nutzen, hier anzurufen, dass du nach Hause willst.« Sie bekam Heimweh. Sie hat es durchgestanden. Dieser Schüleraustausch war für sie eine erste Herausforderung, die ihr für ihr Leben ungeheuer viel gegeben hat.

Du musst begreifen: Das Leben ist keine Spaßveranstaltung. Aber ist das so schlimm?

Das größte Abenteuer ist doch, Herausforderungen zu meistern, sich lernend weiterzuentwickeln und immer besser zu werden.

Statt über diese schlimme und böse Welt
zu jammern, gilt es, sich lieber zu fragen:
Was kann ich mit meiner Begabung tun,
die Welt ein wenig besser zu machen?

Statt über diese schlimme und böse Welt zu jammern, gilt es, sich lieber zu fragen: Was kann ich mit meiner Begabung tun, die Welt ein wenig besser, ein wenig friedlicher, ein wenig glücklicher, ein wenig schöner zu machen? Das ist die Grundherausforderung des Lebens. Dazu kann jeder in seinem Beruf etwas beitragen – ob er Autos repariert, Kunden in einem Fachgeschäft bedient, Bauingenieur oder Architekt werden will, Medizin oder Physik studiert – man kann sich in jedem Beruf wunderbar weiterentwickeln: Da liegt das Abenteuer des Lebens. Da spielt die Musik.

Ich habe kein Verständnis für einen Unternehmer, der die Probleme seiner eigenen Firma nicht löst und mir dann freudestrahlend erzählt, welche Erfolge er auf dem Golfplatz einfährt. Und ich habe kein Verständnis für eine Mutter, die sich über ihre Siege auf dem Tennisplatz freut, aber keine Zeit hat, wenn ihre Kinder Probleme haben und mit ihr reden möchten. Hier sind die Gewichtungen falsch.

Ich habe nie verstanden, dass die Theologen den Satz aus der Bibelgeschichte von der Paradiesvertreibung: »Im Schweiße deines Angesichtes sollst du dein Brot essen« als Fluch erklärt haben. Das ist doch ein großer Segen. Brot schmeckt nie besser als dann, wenn man einen Bärenhunger hat, weil man gut gearbeitet hat.

In einem Zeitungsinterview bin ich einmal gefragt worden, was die besten Essen meines Lebens gewesen seien. Als Berater von Führungskräften bin ich oft von Unternehmern nach einem Beratungsgespräch in feine Restaurants eingeladen worden.

Ich habe zur Antwort gegeben: »Die besten Essen meines Lebens waren die Eintöpfe meiner Mutter während der Weinlese.« Da musste ich in den steilen Weinbergen der Mosel die Trauben in der »Hotte« zum Wagen tragen. Das gab einen Bärenhunger. Um zwölf Uhr habe ich sehnsüchtig darauf gewartet, dass meine Mutter mit dem Essen kam. Das habe ich genossen, weil ich es mir redlich verdient hatte.

Herzlichst
dein M. S.

Die Quintessenz

1. Der Werdeprozess des Lebens ist ein großes spannendes Abenteuer.
2. Als junger Mensch muss man entscheiden, wo man das Abenteuer seines Lebens leben will. In einer interessanten Lebensaufgabe, im Beruf oder in abenteuerlichen Hobbys?
3. Genießen ist Lohn für Leistung. Der natürliche Weg ist, die Früchte des Lebens gehegt und geerntet zu haben und sie dann zu genießen.
4. Alles Leben ist Problemlösen. Und genau das macht das Leben so interessant und spannend.
5. Die Welt von morgen ist voller interessantester Probleme und Herausforderungen, von denen ein junger Mensch sich einige aussuchen kann.

2. Brief

Die persönliche Begabung erkennen und entfalten

Wir reden heute so viel über die richtige Nutzung unserer Ressourcen.

Die größte Ressource, die du hast, ist deine persönliche Begabung. Die ist bei jedem Menschen – das ist die Fülle und Vielfalt des Lebens – anders. Es gibt keine zwei Menschen mit der absolut gleichen Begabung und mit gleichen Temperamenten. Du bist ein Individuum schon von Geburt an, und darin steckt der Kern deiner eigenständigen Persönlichkeit – wenn du sie entwickelst.

Es gibt junge Menschen, die wählen ihren Beruf taktisch. Meist mit dem Hintergedanken: Wo kann ich am einfachsten viel Geld verdienen? Das ist ein idiotischer Gedanke.

Es hat eine Zeit gegeben, da brauchte man, um Medizin zu studieren, eine bestimmte Abiturnote. Das hat manche mit einem guten Abitur dazu verführt, Medizin zu studieren, weil sie ihre gute Note dadurch vermeintlich besser nutzen wollten. Unglückliche Mediziner und noch unglücklichere Patienten sind die Folge.

Es hat Zeiten gegeben, da wollten plötzlich alle Lehrer werden, weil Lehrermangel herrschte. Aber als sie dann so weit waren und ihre Lehrerausbildung hinter sich hatten, gab es eine Lehrerschwemme.

In der Ökonomie nennt man so etwas den »Schweinezyklus«. Solch ein Schweinezyklus kommt immer durch Ansteckungseffekte zustande. Wenn Schweinefleisch teuer ist, beginnen plötzlich alle Bauern, Schweine zu züchten.

20

Wenn die Schweine dann schlachtreif sind, ist das Angebot so groß, dass der Schweinefleischpreis in den Keller geht – daher der Begriff Schweinezyklus.

Die Frage lautet nicht: »Wo kann ich schnell am meisten Geld verdienen?«, sondern: »Wo kann ich meine Begabung am besten entfalten?« Da wirst du, das verspreche ich dir, auch gutes Geld verdienen. Vor allem aber: Dein Beruf wird dir Spaß machen.

Es gibt das wundervolle Zitat von dem großen Philosophen Konfuzius, dessen Lehren heute immer noch von großer Bedeutung sind: »Wähle den Beruf, der dir Spaß macht, dann brauchst du nie mehr zu arbeiten.«

Die Frage lautet nicht:
»Wo kann ich am meisten Geld verdienen?«,
sondern:»Wo kann ich meine Begabung
am besten entfalten?«

Du hast eine angeborene Begabung. Die liegt in deinen Genen. Da kannst du deinen Eltern, dem Schicksal, dem lieben Gott dankbar sein oder motzen.

Aber Motzen ist zu billig. Denn die angeborene Begabung heißt noch nicht viel. Es kommt darauf an, was man daraus macht. Ob mit der angeborenen Begabung das Lebensschicksal endgültig bestimmt ist, darüber gibt es heftige Diskussionen, die manchmal sogar ideologisch aufgeladen sind. Die eher Konservativen glauben: Mit der Geburt ist alles gelaufen. Damit ist das Schicksal bestimmt. Die eher Progressiven glauben an die Wirkung von Erziehungsprozessen und an das Milieu, in dem ein Kind aufwächst.

Einer der »Milieu-Theoretiker« hat sich einmal zu dem Satz verstiegen, er könne aus jedem Menschen einen Einstein machen, wenn er ihn früh genug in seinen »Konditionierungsprozess« bekäme. Das ist natürlich Quatsch. Ich kenne einige Menschen, aus denen wären keine Einsteins geworden, selbst wenn er sie sofort nach der Geburt hätte »konditionieren« können.

Muss denn überhaupt jeder ein Einstein sein? Das wäre eine furchtbare Welt mit nichts als Einsteins.

Der wirklich seriöse Denkansatz dazu kommt aus der Erforschung eineiiger Zwillinge, die die gleiche Gen-Ausstattung haben. Man hat die Lebensschicksale von Zwillingskindern untersucht, die als Waisenkinder in zwei verschiedenen Milieus aufgewachsen sind. Hier haben sich doch unterschiedliche Entwicklungen gezeigt. Die Gene allein machen es also nicht.

Es geht eben nicht nur um die angeborene Begabung, sondern auch darum, was man daraus macht. Da gibt es den wunderbaren Satz des Schriftstellers Botho Strauß. Es ist eines der Zitate, die ich am meisten liebe: »Die Hälfte aller Begabung ist brennendes Interesse.« Es stellt sich also die Frage: Wo liegen deine Begabungen, und wo liegen deine Interessen?

Da kommt dir heute eine hoch interessante Entwicklung zugute: Unsere Berufswelt ist durchlässig geworden. Mit der ersten Berufswahl oder der ersten Stelle ist keineswegs festgelegt, wie und wo man sich später entfalten kann.

»Die Hälfte aller Begabung
ist brennendes Interesse.«

Ein paar Beispiele: Es gibt eine große internationale Unternehmensberatung. Einer ihrer besten Berater ist ein studierter Theologe, also kein Betriebswirt. Ich habe selbst erlebt, dass ein junger Mensch, der Geschichte studiert hatte und Geschichtslehrer an einem Gymnasium werden wollte, keine Stelle fand und deshalb – wie er zunächst meinte – »vorübergehend« in der Marketingabteilung einer Backwarenfabrik arbeitete. Er konnte strukturiert denken, war sehr kommunikativ und hat sich so entfaltet, dass er bald Verkaufsleiter wurde. Weil er gut war, bot man ihm eine Beteiligung an. Heute ist er Teilhaber des Unternehmens. Er hat den Umsatz und die Beschäftigtenzahl verdoppelt.

Es kommt heute viel weniger auf das Wissen und den Lernstoff an, der veraltet ohnehin sehr schnell, sondern viel mehr darauf, welche Grundbegabungen man hat und wie man sie entwickelt.

Wer in einem Unternehmen arbeitet und gerne mit Zahlen zu tun hat, für den Mathematik kein Schreckwort ist, der kann seinen Weg im Finanzwesen gehen: im Controlling und Rechnungswesen. Wer in einem Unternehmen arbeitet und sich eher kreativ begabt fühlt, der kann seinen Weg im Marketing, in der Werbung finden.

Es kommt heute viel weniger
auf das Wissen und den Lernstoff an,
sondern viel mehr darauf,
wie man seine Grundbegabungen entwickelt.

Wer die Fähigkeit hat und weiterentwickelt zu kommunizieren und mit Menschen gut umgehen kann, kann im Verkauf und Personalwesen höchst erfolgreich werden.

Wer eher analytisch-strategisch begabt ist und konzeptionell denken kann, wird in Leitungsfunktionen landen oder in Abteilungen, die Führungsentscheidungen vorbereiten.

In der Bibel gibt es das Gleichnis von den Talenten. »Talent« war damals eine Geldeinheit. In dem Gleichnis werden drei Menschen geschildert: Der eine hat ein Talent geerbt und es vergraben. Der andere hat aus zwei Talenten vier gemacht, der dritte aus fünf Talenten zehn. Der erste wird getadelt, die anderen werden gelobt. Damit ist fast alles gesagt.

Das deckt sich im Übrigen in etwa mit den geschilderten

Erkenntnissen der Zwillingsforschung, die davon spricht, dass etwa die Hälfte des Lebensschicksals durch die »angeborene Begabung«, die geerbten Talente bestimmt wird, der Rest durch das, was man daraus macht.

Seine angeborenen Talente zu erkennen ist nicht ganz einfach. Es ist ein längerer Suchprozess. Möglicherweise geht man zu Anfang auch ein paar Fehlwege. Die Offenheit unserer Berufswelt erlaubt es, sie später zu korrigieren, wenn man seine wirkliche Begabung und seine Interessen entdeckt hat und mit dem Geist des Lernens und des Nutzenbietens herangeht.

Glaube mir bitte eines: Auf Dauer zählen nicht die Zeugnisse. Auf Dauer zählt immer nur das, was du leistest.

In einer Baustoffgroßhandlung arbeitet im Lager ein geistig behinderter junger Mann. Der Chef dieses Unternehmens hat mir einmal gesagt: »Wenn hier in diesem Unternehmen Leute entlassen werden müssten, wäre er der letzte, den ich entlassen würde. Aber das wäre noch nicht einmal eine humanitäre, sondern eine unternehmerische Entscheidung.

Dieser geistig behinderte Mensch leistet für dieses Unternehmen sehr viel mehr als manche vermeintlich schlauen Leute, die ich im Betrieb habe. Er ist ein freundlicher, fröhlicher Mensch. Er ist dienstbereit. Er hilft den Kunden, den Sack Zement ins Auto zu tragen. Die Kunden mögen ihn. In seinem Lagerteil herrscht die beste Ordnung und Sauberkeit. Er leistet für das Image dieses Unternehmens mehr als manche, die sich einbilden, Marketing gelernt zu haben. Bei ihm stimmt die Grundeinstellung. Das macht ihn so wertvoll für dieses Unternehmen.«

Ich kenne Menschen, die mit schlechten Zeugnissen aus der Schule kamen und aus denen sehr viel geworden ist. Und ich kenne Menschen, die hervorragende Zeugnisse hatten und im Leben versagt haben.

Der dümmste Satz, den ein Mensch sagen kann, wenn

er aus der Schule kommt, lautet: »Ich habe jetzt ausgelernt.« Es ist genau umgekehrt: Dann fängt das Lernen erst an. Denn am besten lernt man an den Herausforderungen des Lebens und nicht in der Schule. Aber man lernt nur dann, wenn man die richtige Lebensphilosophie hat.

Der wichtigste Rat, den ich dir geben kann, lautet: Versuche da, wo du jetzt stehst, deine spezielle Begabung einzubringen. Wie kannst gerade du mit deiner speziellen Begabung hier den höchsten Nutzen bieten? Ich versichere dir, das wird bemerkt von deinen Lehrern, von deinen Chefs, von deinen Kollegen.

Der dümmste Satz, den ein Mensch sagen kann,
wenn er aus der Schule kommt, lautet:
»Ich habe jetzt ausgelernt.« Es ist genau umgekehrt:
Dann fängt das Lernen erst an.

Beginne deine wirklichen Interessen zu pflegen, wie man einen Garten hegt und pflegt.

Ein Unternehmer hat mich einmal angerufen und gesagt, dass sein 17-jähriger Sohn herumeiere und nicht recht wisse, was er eigentlich wollte. Ob er ihn einmal zu mir schicken könnte. Ich sagte zu. Er kam. Ich fragte ihn: »Was würdest du denn wirklich im Leben am liebsten machen?« Wie aus der Pistole geschossen kam die Antwort: »Flugzeuge bauen!« Ich riet ihm: »Dann beginne dir doch dieses Optionsfeld aufzubauen: Abonniere eine Zeitschrift über Flugtechnik. (Es gibt für alles Zeitschriften.) Kaufe dir Bücher, z. B. über die Lebensgeschichten von Flugpionieren. Lege dir eine Wissenskartei an mit Zeitungsausschnitten und Informationen über Flugtechnik und eine Adressdatei von Firmen, die sich mit Flugtechnik beschäftigen.

Wenn du ein Praktikum suchst, bewirb dich bei diesen Firmen. Lege aber bei der Bewerbung eine Ausarbeitung bei, die zeigt, wie intensiv du dich schon damit beschäftigt hast. Geh auf Flugplätze, Flugschauen, Messen, sammele Material und Prospekte. Dann verspreche ich dir, dass du irgendwann Flugzeuge bauen wirst.«

Ein anderes Beispiel: Nach einer Diskussion in einem Gymnasium sagte ein Schüler: »Ich möchte gerne Förster werden, aber das ist doch kein zukunftsträchtiger Beruf mehr, weil der Wald nichts mehr bringt und überall Stellen abgebaut werden.«

Ich antwortete ihm: »Lass dich doch davon nicht stören. Beginne zu erkennen, wo in der Zukunft die Grundprobleme der Forstwirtschaft liegen werden, z. B. in der Ökonomie oder der Ökologie. Baue dir dann ganz speziell zu diesen Problemen ein Optionsfeld auf. Sammele Material und Ideen, wie man Waldbau rentabler machen kann und ökologisch wertvoll. Das ist die Herausforderung für die Förster der Zukunft. Es wird immer Förster geben. Es werden aber die Förster keine Zukunft haben, die nur Förster werden wollen, weil es ein – wie sie meinen – schöner und naturnaher Beruf ist.«

Im Übrigen: Auch da ist das Spiel offen. Wer sagt denn, ob dieser junge Mann irgendwann nicht Chef eines Waldes, sondern eines Holz verarbeitenden Unternehmens ist, das aus seinem Umweltbewusstsein eine zündende Marketing-Idee macht.

Wo der Berufswunsch ist, da sollte man schon früh beginnen, die Probleme, Aufgaben und Herausforderungen der Zukunft zu erkennen. Wenn man sich da hineinarbeitet, wird man immer gebraucht werden.

Herzlichst
dein M. S.

Die Quintessenz

1. Die wichtigste Ressource, die du hast, ist deine Begabung.
2. Begabung misst sich nicht an Schulzeugnissen und Schulabschlüssen. Es gibt keinen Menschen, der nicht für gewisse Aufgaben höchst begabt sein kann.
3. Begabung entfaltet sich erst durch Interesse. Sonst verkümmert sie.
4. Das Werden eines jungen Menschen ist ein Suchprozess, wo seine wirklichen Begabungen liegen und wie er sie mit seinen Interessen verknüpfen kann.
5. Man wird am glücklichsten in dem Beruf, in dem sich Begabung und Interessen decken.

3. Brief

Die Philosophie des Nutzenbietens

Als Student in München hatte ich das Glück, einen der ersten Management-Lehrer der jungen Bundesrepublik kennen zu lernen: Dr. Gustav Grossmann. Er sagte uns damals: Das beste Lebenskonzept ist »Nutzen bieten und hemmungslos Nutzen bieten – alles andere kommt von selbst«.

»Nutzen bieten und hemmungslos Nutzen bieten
– alles andere kommt von selbst«

Das klingt sehr optimistisch. Ich gestehe, ganz zu Anfang habe ich ihm diese einfache Formel nicht so ohne weiteres geglaubt.

Er ging noch einen Schritt weiter und sagte: Die höchste Begabung sei, »begabt zu sein mit dem Wunsch, konkreten Partnern konkreten Nutzen zu bieten«. Heute, mit viel Lebenserfahrung, weiß ich, wie Recht er hatte. Das ist eines der besten Konzepte, damit das Leben gelingt.

Das hatte auch schon der große Psychologe Alfred Adler erkannt. Er war ein Schüler von Sigmund Freud. Beide lebten in Wien. Wenn ein Patient zu Alfred Adler kam, der mit dem Leben nicht zurechtkam, sagte er zu ihm: »Ich verschreibe dir eine Rosskur.« Er suchte also nicht wie sein Lehrer Sigmund Freud in der Seele nach den Ursachen für seine Schwierigkeiten.

Statt sich selbst zu bedauern, sei es besser – so Alfred Adler – anderen Menschen zu helfen. Es war eine »Drei-

28

Wochen-Kur«, die er verschrieb. In diesen drei Wochen sollte man versuchen, Menschen zu erfreuen, ihnen zu helfen, sie zu fördern und darüber Bericht zu erstatten. Er fügte hinzu: »Das ist eine ganz schwierige Kur, um nicht zu sagen: eine Rosskur.«

Diese Lebensstrategien, die Alfred Adler und Gustav Grossmann empfehlen, sind heute durch die Spieltheorie glänzend bestätigt.

Was ist die Spieltheorie?

Sie wurde Mitte des letzten Jahrhunderts von John von Neumann und Oskar Morgenstern begründet. Leider ist sie furchtbar »vermathematisiert«, sodass der Zugang zu den wesentlichen Erkenntnissen dieser Spieltheorie für viele Menschen sehr erschwert oder sogar verbaut ist.

Ich will versuchen, dir diese Basiserkenntnis ohne mathematische Formeln zu erklären. Übrigens wurden 1994 drei Weiterentwickler dieser Spieltheorie mit dem Nobelpreis für Ökonomie ausgezeichnet. Darunter war zum ersten Mal auch ein Deutscher: Reinhard Selten von der Universität Bonn.

Ich halte es für sehr wichtig, dass sich junge Menschen mit der Spieltheorie beschäftigen, und habe mich sehr gefreut, dass eine Landesministerin in einem Brief an den Kulturausschuss des Deutschen Bundestages meine Empfehlung weitergegeben hat, die Spieltheorie und vor allem das Axelrod-Experiment zum Bestandteil jedes Schulunterrichts zu machen.

Zunächst einmal gibt es drei Grundspiele: das Nullsummen-Spiel, das Zwei- oder Mehr-Gewinner-Spiel und das Zwei-Verlierer-Spiel. Wenn ich etwas habe, nehmen wir an einen Apfel, und du klaust ihn mir, dann ist das ein Nullsummen-Spiel. Dein Gewinn ist mein Verlust: Summe Null. Ein Fußballspiel und ein Tennisspiel sind prinzipiell Nullsummen-Spiele. Wenn wir zwei Tore gemacht haben, muss der andere zwei Tore verloren haben.

Es gibt Menschen, die können sich das Leben nur als ein Nullsummen-Spiel vorstellen: Der Verlust des einen ist der Gewinn des anderen. Entweder habe ich etwas, oder der andere hat es. Und um es zu bekommen, muss ich es ihm wegnehmen. Materiell gesehen stimmt das sogar. Aber das Leben kennt nicht nur Nullsummen-Spiele. Es kennt auch Zwei-Gewinner-Spiele und Zwei-Verlierer-Spiele.

Karl Marx konnte sich Wirtschaft nur als ein Nullsummen-Spiel vorstellen. Daraus machte er seine Mehrwerttheorie. Er glaubte, dass der Unternehmer nur deshalb reich wird, weil er dem Arbeiter den Mehrwert seiner Leistung nicht auszahlt. Er konnte sich nicht vorstellen, dass ein kluger Chef und gute Mitarbeiter zusammen mehr gewinnen, wenn sie erfolgreich arbeiten, als jeder für sich allein hätte erreichen können – dass es also Zwei-Gewinner-Spiele geben kann.

Ich habe 1991 nach der Wende in der Universität Jena mit Wirtschaftsstudenten des 8. Semesters diskutiert, die noch an die Mehrwerttheorie glaubten und partout nicht begreifen konnten, wieso es im Westen den Arbeitern viel besser ging als im kommunistischen System und die Unternehmer auch wohlhabend wurden.

Eben habe ich dir das Beispiel von dem Apfel genannt. Das ist ein materielles Gut. Wenn ich dir aber in einem Gespräch eine Idee sage, die du gut gebrauchen kannst, und du gibst mir eine Idee von dir, die mir nützlich ist, dann ist es schon ein Zwei-Gewinner-Spiel. Keiner von uns hat etwas verloren. Wir gehen beide reicher aus diesem Gespräch heraus. Du hast jetzt zwei Ideen und ich auch. Hier gilt also nicht mehr die mathematische Formel $1 + 1 = 2$. Bei einem Zwei-Gewinner-Spiel können $1 + 1$ drei oder vier oder fünf sein.

Eine Partnerschaft ist dann gut, wenn keiner für sich allein das Lebensniveau hätte erreichen können, das beide gemeinsam erreichen: ein Zwei-Gewinner-Spiel.

Aber es gibt auch Zwei-Verlierer-Spiele. Zwei streiten miteinander. Letztlich gewinnt keiner.

Wenn zwei Nachbarn Streit um den Zaun haben und zum Rechtsanwalt gehen, statt sich vernünftig zu einigen, kann das, wenn hartnäckig prozessiert wird, ein Zwei-Verlierer-Spiel für die beiden werden. Rechtsanwälte und Prozesse kosten viel Geld. Hinzu kommen der Ärger und der Verlust an Lebensfreude. Spieltheoretisch kann es ein Nullsummen-Spiel zugunsten der Rechtsanwälte werden.

Es soll auch Partnerschaften und Ehen geben, die ein Zwei-Verlierer-Spiel werden. Beiden Menschen ginge es besser, wenn sie sich nie gesehen hätten.

Es ist wichtig, dass du begreifst, dass Kooperation die klügste aller Lebensstrategien ist.

In der Evolution des Lebens wurde die Kooperation immer stärker. Kooperation ist einfach die klügste Form des Egoismus. Dumme Egoisten glauben, durch Nullsummen-Spiele zu ihren Gunsten zu gewinnen. Intelligente Egoisten gewinnen durch Kooperation, durch gegenseitiges Nutzenbieten.

Aber die Geschichte von der Spieltheorie ist noch nicht zu Ende. Da gibt es noch das Axelrod-Experiment, das leider viel zu wenig bekannt ist.

Im Jahre 1979 schrieb der amerikanische Politologe Robert Axelrod unter den Spieltheoretikern ein Computer-Turnier aus mit der Fragestellung: Mit welcher Strategie hat man die höchste Auszahlung?

Es ist wichtig, dass du begreifst, dass
Kooperation die klügste aller Lebensstrategien ist.

In der ersten Runde bewarben sich 15 Teilnehmer, unter anderem ein Kanadier von der Universität Toronto: Anatol Rapoport. Axelrod hatte seinen Teilnehmern mitgeteilt: Jede Strategie ist möglich. Ihr könnt schlitzohrig spielen, hinterhältig. Ihr könnt versuchen, die anderen aufs Kreuz zu legen. Hauptsache ihr habt Erfolg. Es ist ein Spiel ohne Moral. Erfolg ist alles.

Wenn du schlitzohrig spielst, brauchst du Dumme,
die das mit sich machen lassen.
Irgendwann gibt es sie nicht mehr
– oder sie haben gelernt.

Ich schildere dir jetzt die Rapoport-Strategie in meiner Sprache (Robert Axelrod hat das alles »wissenschaftlicher« ausgedrückt), so wie ich das Axelrod-Experiment in meinen Seminaren erkläre. Anatol Rapoport teilte vorher allen Mitspielern mit, wie er spielen würde: Ich habe nichts in der Hinterhand. Ihr braucht nichts Krummes mehr zu erwarten. Ich spiele nach vier Regeln:

1. Ich spiele offen. Ich sage vorher allen, wie ich spielen werde.
2. Ich suche in jeder Spielrunde Zwei-Gewinner-Spiele. Ich will dabei gewinnen, der andere muss auch seinen Nutzen haben.
3. Wenn mich aber einer für naiv hält, weil ich so »gutmütig« spiele und glaubt, man könne mich aufs Kreuz legen, dann schlage ich unverzüglich und hart zurück. Ausnutzen lasse ich mich nicht.
4. Das ist für mich die interessanteste Regel: Aber ich bin nicht nachtragend. Selbst dem »krummsten Hund« biete ich wieder Kooperation an. Hast du gelernt, dass du das so mit mir nicht machen kannst, dann können wir auch wieder Zwei-Gewinner-Spiele versuchen. Ich bin schnell im Vergelten und schnell im Vergeben.

Die erste Runde wurde gespielt. Der klare Sieger war Anatol Rapoport.

Robert Axelrod dachte: Das ist mir zu einfach. Die anderen waren wohl noch nicht ausgebufft genug, um diese naive Strategie auszuhebeln.

Er schrieb ein zweites Turnier aus, zu dem noch einige Teilnehmer dazu kamen.

Anatol Rapoport spielte wieder mit der gleichen Strategie. Er hatte ja gewonnen. Warum sollte er die Strategie wechseln? Alle anderen Spieler versuchten jetzt seine gutmütige Strategie auszuhebeln. Der Sieger der zweiten Runde war wieder Anatol Rapoport.

Dabei hatte Robert Axelrod eine höchst interessante Beobachtung gemacht: Die schlitzohrigen Strategien hatten sehr schnelle Anfangserfolge, dann brachen sie zusammen. Er formulierte den wunderbaren Satz: Denen gingen die Dummen aus. Wenn du schlitzohrig spielst, brauchst du ja Dumme, die das mit sich machen lassen. Irgendwann gibt es sie nicht mehr, oder sie haben gelernt. Die gutmütige Strategie hat langsamere Anfangserfolge, wird aber dann stabil, weil sich durch sie feste Bindungen aufbauen.

Bei einer dritten Runde gab Axelrod den Anfangserfolgs-Strategien noch einen Bonus, um zu untersuchen, ob dann das Spiel anders laufen würde. Auch die dritte Runde bestätigte, dass die erfolgreichste Strategie diese »Tit for Tat«-Strategie – so wird sie heute genannt – war.

Dieses Axelrod-Experiment ist für einen jungen Menschen von höchst fundamentalem Wert.

In einem Gymnasium in Rüsselsheim habe ich vor Hunderten von Schülern in der Turnhalle dieses Axelrod-Experiment vorgetragen. Da kam ein Schüler zu mir und bedankte sich mit Handschlag. Ich fragte ihn warum. Er gab mir die verblüffende Antwort: »Ich will ein erfolgreicher Mensch im Leben werden, aber ich will auch ein anständiger Mensch bleiben. Bis heute habe ich geglaubt, das geht nicht zusammen. Aber seit heute weiß ich: Das geht, und es ist sogar sehr viel erfolgreicher, beides zusammenzubringen. Danke.«

Wenn du den Wert der Philosophie des Nutzenbietens erkannt hast, stellt sich die Frage: Wem kannst du mit deiner Begabung und deinen Interessen Nutzen bieten?

Im Unternehmen nennt man das, was ich jetzt mit dir besprechen möchte: Marktforschung. Auch ein Unternehmen hat eine »Begabung«. Die nennt man »Kernkompetenz«. Jedes Unternehmen hat auch Interessen: Mit seiner Kernkompetenz Erfolg zu haben. Und jedes gute Unternehmen weiß, dass ihm das nur gelingt, wenn es Nutzen bietet, denn niemand kann die Kunden zwingen, bei ihm zu kaufen. Es gibt auch noch Wettbewerber.

Das Unternehmen muss also herausbekommen, wo es mit seiner Kernkompetenz Nutzen bieten kann, und wer Wünsche und Probleme hat, die es mit seinem Leistungsangebot, seinen Ideen, seinen Produkten erfüllen und lösen kann.

Wundere dich nicht. Ich will jetzt ein Märchen erzählen, das du aber vermutlich kennst: »Frau Holle« von den Gebrüdern Grimm. Vielleicht hat dir das deine Mutter als Kind vorgelesen.

In dem Märchen wird die Geschichte von zwei Schwestern erzählt. Die eine war die Stieftochter, die von der Stiefmutter nicht gut behandelt wurde. Sie bevorzugte immer ihre eigene Tochter. Eines Tages saß die Stieftochter auf dem Brunnenrand und spann. Sie passte nicht auf. Die Spindel fiel in den Brunnen. Da bekam sie eine panische Angst, weil sie wusste, welchen Ärger es zu Hause geben würde, wenn die Spindel verloren war. In ihrer Angst sprang sie der Spindel in den Brunnen nach.

Aber – und im Märchen geht das alles – sie ertrank nicht in dem tiefen Brunnen, sondern fand sich auf einer grünen Wiese wieder. Sie kam zu einem Backofen mit Brot darin, und das Brot konnte sprechen – auch das geht im Märchen – und rief: »Ach, zieh mich raus, zieh mich raus, sonst verbrenn ich; ich bin schon längst ausgebacken.« Sie holte das Brot heraus und ging weiter. Dann kam sie an einen Apfelbaum. Der Baum schrie: »Ach, schüttel mich, schüttel mich, wir Äpfel sind alle miteinander reif.« Sie schüttelte den Baum, sammelte die Äpfel zusammen und ging weiter. Sie kam zu Frau Holle, die sie mit Gold überschüttete. Deswegen wurde das Mädchen später die Goldmarie genannt.

Als sie mit ihrem Gold nach Hause kam, wurden ihre Stiefmutter und die Stiefschwester glühend neidisch. Die Stiefmutter wollte ihrer Tochter dasselbe Glück verschaffen und befahl ihrer Tochter, es der Stiefschwester gleichzutun. Auch sie sprang also der Spindel in den Brunnen nach, und auch sie kam auf die grüne Wiese.

Da stand wieder der Backofen, und sie ging weiter: »Da hätt ich Lust, mich schmutzig zu machen.« Heute würde sie sagen: »Ist nicht mein Bier. Geht mich nichts an.« Sie kam zum Baum mit den Äpfeln, aber auch hier ging sie vorbei: »Du kommst mir recht, es könnte mir einer auf den Kopf fallen.« Schließlich kam auch sie zu Frau Holle. Aber sie wurde mit Pech übergossen: Das war die Pechmarie.

Der Schweizer Psychologe Carl Gustav Jung hat uns gelehrt, dass die Märchen keineswegs banale Erzählungen sind, um Kinder zum Schlafen zu bringen. Er hat sie untersucht und herausgefunden, dass in den Märchen tiefste Weisheiten der Menschheit verborgen sind.

Die Goldmarie sieht das Problem
und packt es an. Die Pechmarie geht weiter.
Du kannst entscheiden, ob du im Leben
Goldmarie oder Pechmarie sein willst.

Und hier liegt ein geistiger Goldklumpen für dein Lebenskonzept. Es gibt kaum ein fundamentaleres Märchen für junge Menschen. Die Goldmarie sieht das Problem und packt es an. Die Pechmarie geht weiter.

Du kannst entscheiden, ob du in deinem Leben Goldmarie oder Pechmarie sein willst. Nun müssen die männlichen Leser nicht meinen, sie seien aus dem Schneider, weil hier nur weibliche Wesen benannt werden. Es gibt auch männliche Pechmaries und männliche Goldmaries.

Als ich mich selbstständig machte, hatte ich kein Geld und keine Beziehungen. Es sah ziemlich aussichtslos aus. Aber ich hatte die »Philosophie des Nutzenbietens« begriffen. Ich machte z. B. auf eigene Faust Unternehmen Vorschläge. Nur mit einem Bruchteil war ich erfolgreich. Aber das genügte, um an die ersten Aufträge zu kommen.

Bei einem Abendspaziergang durch Frankfurt sah ich im Schaufenster eine Getränkepackung. Mir kamen einige Ideen, wie man die besser machen könnte. Noch am gleichen Abend schrieb ich dem Unternehmen einen Brief und schilderte meine Ideen. Ich dachte nicht daran, mir zuerst einmal mühsam irgendwelche Urheberrechte zu sichern. Die Ideen hätte man mir stehlen können.

Nach drei Tagen kam ein Anruf. Der Chef lud mich zu einem Gespräch ein. Ich konnte meine Ideen vortragen. In der Woche darauf bot er mir einen Beratervertrag an. Das war einer der ersten festen Verträge, der meiner Existenz eine finanzielle Grundlage gab.

Ich erzähle dir diese Geschichte nicht zum Angeben, sondern um dir zu zeigen, dass das nicht nur schöne Theorien sind, die ich dir hier vortrage, sondern persönliche Erfahrungen. Dieser Beratervertrag hat übrigens jahrzehntelang gehalten.

Ich kann die Worte »Karriereplan« und »Aufstiegsstrategien« nicht hören und halte nichts von den »taktischen Mätzchen«, die gelegentlich von vermeintlichen Gurus gelehrt werden. Es ist einfach dumm, mit psychologischen Tricks seinen Erfolg machen zu wollen.

Der Wille, ehrlich Nutzen zu bieten, anderen zu helfen, ihre Probleme zu lösen und schlichtweg anzupacken, wo es gilt, ist die sicherste Methode, seinen Weg zu gehen. Das war es immer. Und das wird auch so bleiben. Man sollte nie damit rechnen, dass die anderen Menschen so dumm sind, sich mit vermeintlich cleveren Strategien austricksen zu lassen.

Es ist eigentlich ganz einfach: Zu seinem Vorteil lässt sich jeder gerne beeinflussen.

Voraussetzung dafür, Goldmarie zu sein, ist allerdings, dass man Probleme sieht, dass man Problemsensibilität entwickelt.

Aber: Da, wo es gilt und wo man jetzt steht, da fängt das Spiel an. Es gibt Menschen, die jammern über Umweltverschmutzung und werfen im selben Augenblick die Bierdose achtlos in die Gegend.

Ein Unternehmer, den ich kenne, hat einen Praktikanten schon nach kurzer Zeit aus seiner Firma rausgeschmissen. Er hat die Arbeit an seinem Arbeitsplatz nicht geleistet, hat aber ein Papier verfasst, was die Geschäftsleitung dieses höchst erfolgreichen Unternehmens alles falsch machen würde. Der Praktikant war Betriebswirtschaftsstudent im dritten Semester.

Der Unternehmer sagte zu mir: »Ich hätte geduldet und mich sogar darüber gefreut, wenn er sich Gedanken über die Strategie unseres Unternehmen gemacht hätte, und hätte das Papier mit großem Interesse gelesen. Aber die erste Voraussetzung ist, dass er die Aufgaben, die er an seinem Arbeitsplatz hat, sorgfältig erfüllt.«

Ein wichtiger Erfolgsfaktor ist also Problemsensibilität: Wo kann ich Nutzen bieten, wem kann ich Nutzen bieten – und wie?

Ein wichtiger Erfolgsfaktor ist also Problemsensibilität: Wo kann ich Nutzen bieten, wem kann ich Nutzen bieten – und wie?

Jetzt noch einmal zurück zur Marktforschung. Wie machen das die Marktforscher? Sie haben vier Methoden:

Die erste Methode: *Informationen sammeln* aus »Sekundärmaterial«. So nennen sie alles, was geschrieben und gedruckt ist. (Deshalb habe ich dem jungen Menschen, der Flugzeuge bauen will, geraten, erst einmal Zeitschriften und Bücher zum Thema Flugtechnik zu kaufen.) Man kann heute auch im Internet sehr viele Informationen finden. Sammle also in deinen Aufgaben- und Interessenfeldern Informationen – und das systematisch!

Die zweite Recherchiermethode der Marktforscher ist *Beobachtung*. Wo kannst du was beobachten? Zuerst einmal: Sei hellwach an der Stelle und bei der Aufgabe, an der du jetzt stehst. Wo gibt es ein Problem? Wo kann man eine Idee entwickeln? Wo kann man etwas besser machen? Wo steht der »Apfelbaum«, dessen Äpfel gepflückt werden müssen, und wo der »Backofen«, dessen Brot ausgebacken ist? Da, wo du jetzt arbeitest, stehen solche »Apfelbäume« und »Backöfen«. Auch da schreien Äpfel und Brote. Du musst sie nur sehen oder hören – und anpacken.

Die dritte Methode: *Fragen stellen*. Die wenigsten werden einen jungen Menschen abweisen, der sie um Rat fragt. Schreibe dir Namen von Menschen auf, von denen du weißt, dass sie auf bestimmten Gebieten, die dich interessieren, Ahnung haben. Stelle ihnen Fragen. Baue dir ein Beziehungsnetz von interessanten klugen Menschen auf.

Die vierte Methode ist der Test. *Versuche! Versuche! Versuche!* Mache Nutzenbieten-Tests. Manchmal geht wirklich Probieren über Studieren. Wenn du z. B. Verkäufer in einem Fachgeschäft bist und die Idee hast, dass du für die Wünsche bestimmter Kunden ein besonders interessantes Produkt im Angebot hättest, dann zeige es ihnen doch und biete es an. Wenn du eine Idee hast, in deinem Arbeitsbereich etwas zu verändern oder besser zu machen, dann mache es doch. Besprich es mit denen, die du dafür brauchst. Aber probiere es wenigstens. Sei aber nicht enttäuscht, wenn du abblitzt und es nicht klappt.

Bei allen neuen Ideen – das weiß man im Marketing – muss man mit einer erheblichen »Flop-Rate« rechnen. Die 3M-Company hat ausgerechnet, dass sich von 100 neuen Ideen, die sie haben, nur 40 durchsetzen. Eine große Backwarenfabrik, die sehr kreativ mit neuen Gebäckarten ist, beziffert ihre Flop-Rate mit neun zu eins: Von zehn Ideen wird nur eine ein Erfolg. Das ist so im Leben. Gustav Grossmann hat diesen Gedanken sehr plastisch formuliert: »Wenn man eine Angel in einen Teich hängt, ist man nie sicher, einen Fisch zu fangen, aber die Wahrscheinlichkeit wächst. Und je öfter und länger man Angeln in Teiche hängt, umso sicherer wird man, dass irgendwann ein Fisch anbeißt – manchmal sogar ein großer.« Wenn man eine Angel in einen Teich hängt, ist das nichts anderes als ein Versuch. Niemand kann einem garantieren, dass es ein Erfolg wird. Aber wenn man keine Angel in den Teich hängt, ist man wirklich sicher, keinen Erfolg zu haben.

Eines, das kann ich dir garantieren, wird immer dabei herauskommen: Wenn du anpackst und Ideen entwickelst, da, wo es gilt, ein Problem zu lösen, die Dinge weiter zu treiben, wenn du also Goldmarie bist, fällt schnell auf, dass du zupacken kannst, auch wenn nicht alles, was du anpackst, erfolgreich ist. Aber du probierst es wenigstens.

Ich garantiere dir, du wirst dich wundern, wie schnell die Goldmarie-Methode dir Erfolg beschert.

Herzlichst
dein M. S.

Die Quintessenz

1. Man kann drei Grundspiele im Leben spielen: Null-summen-Spiele: Der Verlust des einen ist der Gewinn des anderen. Zwei-Verlierer-Spiele: Sich in etwas verbeißen, wobei keiner gewinnt. Zwei-Gewinner-Spiele: Den anderen fördern, damit er mich fördert.
2. Kooperation ist die klügste aller Lebensstrategien. Wer kooperativ spielt, spielt intelligent.
3. Das Axelrod-Experiment im Rahmen der Spieltheorie hat den Erfolg der vier Rapoport-Spielregeln aufgezeigt: Erstens: Offen spielen. Zweitens: Immer Zwei-Gewinner-Spiele suchen. Drittens: Sich nicht ausnutzen lassen; zurückschlagen, wenn der andere kein Zwei-Gewinner-Spiel will. Viertens: Nicht nachtragend sein – schnell im Vergelten und schnell im Vergeben.
4. Die Nutzenbiet-Strategie setzt »Marktforschung« voraus: Wo kann ich wem Nutzen bieten?
5. Die vier Grundmethoden der Marktforschung sind: Informationen sammeln, beobachten, Fragen stellen, Nutzenbiet-Tests: Probieren geht über Studieren.

4. Brief

Ziel- und ergebnisorientiert arbeiten

Du kannst in den Tag hinein leben: Du machst das, was auf dich zukommt, was von dir gefordert wird. Das machst du ganz ordentlich. Du lässt dich von den Menschen und den Dingen treiben. Du arbeitest aus der jeweiligen Augenblickslust und -laune heraus oder aus einem Augenblickszwang. So etwas nennen die Biologen: Leben nach dem Reiz-Reaktions-Schema: Das kann jede Amöbe. Dafür hättest du eigentlich nicht Mensch werden müssen. Es ist die primitivste aller Verhaltensweisen.

Und wenn du dir dann noch nicht einmal Gedanken darüber machst, was dabei herauskommt, ist das noch primitiver.

Ich weiß: Das ist hart gesagt. Aber ich kann nicht umhin, das hier so zu schreiben.

Leben nach dem Reiz-Reaktions-Schema:
Das kann jede Amöbe. Dafür hättest du
eigentlich nicht Mensch werden müssen.
Es ist die primitivste aller Verhaltensweisen.

Wir Menschen haben von der Natur ein Gehirn mitbekommen, mit dem wir die Folgen unseres Handelns bedenken können – wenigstens meistens.

Das Reh kann nicht »sündigen«. Wenn es Durst hat, geht es zum Bach und trinkt genau so viel, wie es seinem physiologischen Flüssigkeitsbedürfnis entspricht. Dann hört es auf. Wenn wir Menschen Durst haben, trinken wir ein Bierchen. Das kann in Ordnung sein, weil es auch unserem physiologischen Flüssigkeitsbedürfnis entspricht – vielleicht auch noch ein zweites und ein drittes. Dem Reh sagen seine Instinkte, wann es aufhören sollte. Uns sagen sie das nicht mehr. Unsere Instinkte sind durch unser Gehirn ersetzt. Aber wir müssen dieses Hirn dann wenigstens nutzen.

Wir können vorausschauen. Wir können Ideen entwickeln, wie etwas werden sollte, das noch nicht ist. Wir können Kreativität einsetzen und planen, um ein Ziel zu erreichen.

Wir können vorausschauen. Wir können Ideen entwickeln, wie etwas werden sollte, was noch nicht ist. Wir können Fantasie und Kreativität einsetzen und planen, um ein Ziel zu erreichen. Wir erwerben Wissen und suchen Möglichkeiten, wie wir ein bestimmtes Ziel erreichen können.

Aber mit den Zielen ist das so ein Problem. Natürlich sind nicht alle Ziele erreichbar, und niemand kann einem die Garantie geben, dass ein Ziel erreicht werden kann. Aber das Ziel gibt Richtung, Linie und Orientierung vor.

In Unternehmen spricht man heute viel von Visionen. Es gibt Unternehmen, die nach der Szenario-Methode Visionen entwickeln, wie sie in etwa zehn Jahren dastehen könnten. Das öffnet die Augen für Entwicklungsmöglichkeiten. Und das ist schon sehr viel wert.

Ein junger Mensch hat einmal bei mir über das ökologische Problem gejammert: über den Treibhauseffekt, die Erderwärmung und die Katastrophen, die sich daraus ergeben können. Ich habe zurückgefragt: »Was willst du denn studieren?« »Physik«, gab er mir zur Antwort.

Da sagte ich: »Die Welt brauchte zwei wichtige Erfindungen, dann wären viele ökologische Probleme gelöst. Und das sind zwei physikalische Erfindungen. Das eine wäre eine wirklich effiziente Solarzelle, um aus der unermesslichen Energiemenge, die die Sonne täglich selbst bei trübem Wetter auf die Erde wirft, Strom zu machen, mit dem wir unsere Haushalte versorgen könnten.

Wenn es dann noch eine leistungsstärkere Autobatterie gäbe, damit unsere Autos mit leise surrenden und emissionslosen Elektromotoren durch die Welt fahren könnten, gäbe es kein ökologisches Problem mehr. Dann brauchten wir keine Sorge zu haben, wenn sich auch China mit seinen mehr als eine Milliarde Menschen motorisiert.

Mache doch daraus deine Lebensaufgabe: deine zentrale Leistungsidee! Natürlich ist das eine Vision. Kein Mensch kann dir garantieren, dass du diese beiden Erfindungen oder eine davon machst. Aber das gibt deinem Leben, deinem Studium, deinem Lernen eine ungeheure Zugkraft. Und die kannst du nutzen.«

Du kennst das Wort »Projekt«. Wer Latein gelernt hat, weiß, was das heißt. Projekt ist etwas Vorausgeworfenes, eine vorausgeworfene Vorstellung, eine Idee. Sagen wir ruhig: ein Traum. Von diesem Traum kann man zurückrechnen. Bis wann sollte ich mein Physikstudium begonnen haben, mein Vordiplom, mein Diplom gemacht haben?

In den Unternehmen gibt es bei der Zielplanung noch eine sehr wichtige Unterscheidung, die du auch kennen lernen solltest. Es ist die Unterscheidung zwischen Leistungs- und Ergebniszielen. Ich will es einmal an einem Beispiel aus dem Verkauf erklären. Ein Ergebnisziel wäre: »Wir wollen den Umsatz in unserem Bereich um zehn Prozent steigern.« Das kann gelingen. Wenn die Konjunktur gut ist, geht es leichter. Wenn die Konjunktur schlecht ist, muss man umso ideenreicher und klüger sein, damit es doch gelingt. Es ist allerdings ein Ziel, das nicht nur von der eigenen Leistung abhängig ist. Ich nenne dies ein Ergebnisziel.

Ein Leistungsziel in diesem Bereich wäre: »Wir wollen

in diesem Jahr fünf gut durchdachte Verkaufsaktionen durchführen«. Das ist ein Ziel, das man »einklagen« kann – auch vor sich selbst. »Habt ihr die fünf Aktionen gemacht oder nicht?« Darüber ist nicht zu diskutieren. Es hängt nur vom eigenen Wollen und Können ab. Das habe ich also selbst in der Hand.

Du kannst dir also Ergebnisziele setzen, aber du solltest sie sofort auf Leistungsziele herunterbrechen. »Ich will meine Prüfung mit der Note X bis zum Tag Y machen.« Das ist ein Ergebnisziel. Niemand kann dir garantieren, dass das gelingt – auch wenn du dich noch so plagst. Wenn du Pech hast und an die falschen Aufgaben oder den falschen Prüfer gelangst, kann das schief gehen.

Die Frage nach dem Leistungsziel wäre: »Was muss ich bis wann gelernt haben, damit die Wahrscheinlichkeit wächst, dass ich dieses Ziel erreiche?«

Man kann sich längerfristige Ziele setzen. Das können fünf bis sieben Jahre sein. Man kann sich mittelfristige Ziele setzen, z. B.: »Was will ich in drei Jahren erreicht haben?«, und kurzfristige Ziele: »Was möchte ich im nächsten Jahr erreicht haben?«

Ziele entstehen aus Wünschen. Wünsche sind
zunächst einmal eher wolkig und vage.
Wenn man sie präzisiert, werden Ziele daraus.
Aus Zielen wird ein Konzept.

Wenn du in einem Unternehmen arbeitest, musst du diese Ziele mit den Zielen des Unternehmens koordinieren. Sie müssen zueinander passen. Du wirst in deinem Bereich dann Teilziele haben, die sich in die Zielstruktur des Gesamtunternehmens einfügen.

Ich möchte jetzt ziemlich methodisch werden: Lege dir eine Mappe an, z. B. ein Ringbuch, in dem du deine Ziele notierst. Lege dir pro Ziel ein Blatt an, auf dem du Ideen sammelst, wie du dieses Ziel erreichen könntest. Ziele entstehen aus Wünschen. Wünsche sind zunächst einmal eher wolkig und vage. Wenn man sie präzisiert, werden Ziele daraus. Aus Zielen wird ein Konzept – und ein Plan, der sich nachher in Einzelschritte auflöst: erstens, zweitens, drittens …

Aber: Es hat keinen Sinn, verbiestert an seinen Zielen zu arbeiten. Es kann Widerstände geben, und es können sich Widerstände aufbauen, die manchmal Umwege notwendig machen.

Im Mathematikunterricht hast du sicher gelernt, dass die kürzeste Verbindung zwischen zwei Punkten eine Gerade ist. Das ist in der Mathematik richtig, im Leben nicht. Manchmal ist die kürzeste Verbindung ein Umweg, eine Neuorientierung. Deshalb ist es gar nicht so dumm, bei seinen Zielen auch Optionen zu durchdenken. Optionen sind Möglichkeiten: Wenn es so nicht geht, dann geht es anders.

Ein Tritt in den Hintern kann einen ganz schön weiterbringen – wenn man den Schub nutzt.

Am Anfang meines Weges hat mir einmal ein Unternehmer eine ziemliche Lektion erteilt. Auf eine Idee, die er mir schilderte, antwortete ich: »Das geht nicht.« Da bekam ich eine sehr ruppige Antwort: »Wenn Sie diesen Satz in diesem Unternehmen noch einmal sagen, werfe ich Sie raus. Sie dürfen und sollen mir sagen – wenn das Ihre Überzeugung ist: ›Das geht so nicht.‹ Dann müssen Sie aber sofort sprudelnd Ideen entwickeln, wie es gehen könnte.«

Diese Szene war für mich ein geistiger Tritt in den Hintern. Seitdem lebe ich mit der Theorie, dass ein Tritt in den Hintern einen ganz schön weiterbringen kann – wenn man den Schub nutzt. Ich habe den Satz »Das geht nicht« nie mehr in meiner Arbeit mit Führungskräften gesagt.

Was aber heißt ergebnisorientiert arbeiten?

Wenn du in einem Unternehmen arbeitest, kannst du deine Arbeit machen – ordentlich, richtig, solide. Deine Chefs werden sich freuen. Aber diese Arbeit ist Teil eines Ganzen. Hinter jeder Arbeit im Leben steckt ein größeres Ziel. Du wirst sehr viel erfolgreicher sein, wenn du auch bei der kleinsten Arbeit darüber nachdenkst, welcher größeren Aufgabe sie dient und was als Endergebnis herauskommen soll. Eine Arbeit gut machen ist das eine. Ein Ergebnis verantworten ist das andere.

Wenn du bei deiner Arbeit z. B. mitbedenkst, welche Kosten diese deine Leistung für das Unternehmen verursacht und dir Ideen einfallen lässt, dieselbe Arbeit kostengünstiger zu machen, dann hast du schon Ergebnis-Verantwortung.

Wenn du selbst kreativ wirst im Sinne des gewünschten Endergebnisses, bist du meilenweit besser. Das ist der Geist, den ich dir wünsche.

Du merkst: Ich bin dafür, Träume und Wünsche zu haben, sie zu pflegen und in Zielen zu konkretisieren.

Aber nicht richtig wäre, die Forderung des Tages, die Aufgabe, die du jetzt hast, nicht ergebnis- und zielorientiert anzupacken und in Träume zu flüchten. Denn Träume können auch Flucht sein.

»Die Forderung des Tages«:
Das ist die Erfüllung der Aufgabe, die jetzt
vor dir liegt und die heute erledigt werden sollte.

Es gibt manchmal Lehrer, deren »Weisheiten« man als Schüler nicht verstanden und nicht ernst genommen hat. Später im Leben dämmert einem dann, wie wertvoll diese Ideen waren.

Ich hatte einen Deutschlehrer, Dr. Blodau, der uns neben dem Stoff seines Deutschunterrichtes vieles an Lebensweisheit mitgegeben hat. Ich habe erst spät, bei vielem sogar zu spät erkannt, wie wichtig die »Weisheiten« für mein Leben waren. Da hätte ich eine Dankesschuld abzutragen, wenn er noch leben würde.

Eine dieser Weisheiten war der Begriff von der »Forderung des Tages«: Das ist die Erfüllung der Aufgabe, die jetzt vor dir liegt und die heute erledigt werden sollte. Hier beginnt man zu lernen, was ziel- und ergebnisorientiert arbeiten heißt. Das schließt keineswegs aus, dass man größere Lebensziele und Träume pflegt. Es ergänzt sich wunderbar.

Herzlichst
dein M. S.

Die Quintessenz

1. Man kann in den Tag hinein leben und die Dinge auf sich zukommen lassen. Man kann sich aber auch Ziele setzen.
2. Es gibt Leistungsziele: Was jetzt anpacken und bis zu einem bestimmten Termin erledigen? Leistungsziele hat man im Griff und verantwortet sie vor sich selbst.
3. Es gibt Ergebnisziele: Bis wann will ich das erreicht haben? Die Ergebnisziele hat man nicht immer ganz im Griff, weil Außenfaktoren mitspielen, die man vielleicht selbst nicht beeinflussen kann.
4. Manchmal muss man Umwege gehen, wenn sich unüberwindbare Hindernisse auf dem Weg zum Ziel auftürmen. Aber gerade Umwege können oft zu neuen Chancen führen.
5. Bei allen Zukunftszielen und Träumen: Die erste Leistung heißt, die Forderungen des Tages zu erfüllen – die Aufgaben, die heute gemeistert werden müssen.

5. Brief

Lerne dein »Handwerk«!

Das klingt jetzt komisch, wenn du gar kein Handwerker werden möchtest. Trotzdem ist es richtig, denn in jedem Beruf ist der Geist des Handwerklichen notwendig. Ich bewundere gute Handwerker, denn es sind präzise Menschen. Der Schreiner, der einen Schrank baut, dessen Tür nachher nicht ordentlich ins Schloss fällt, ist ein Schluderer. Das kommt sehr schnell ans Licht. Der Dachdecker, der ein Dach deckt, durch das es nachher durchregnet, wird in seinem Beruf nicht existieren können.

Es gibt auch ein geistiges Handwerk,
das Sauberkeit und Präzision im Denken und
in der Leistung verlangt.

Mein Gott, was können Intellektuelle und manche Führungskräfte dumm schwätzen. Aber ob das, was sie da reden, handwerklich sauber durchdacht ist, merkt man erst hinterher – oft, wenn alles zu spät ist. Man spricht heute schon von »handwerklichen Fehlern« in der Politik. Die Gefahr von mangelnder handwerklicher Präzision ist in den geistigen Berufen sehr groß. Deshalb ist auch die Gefahr der Scharlatanerie in diesen Berufen sehr groß. Vor allem dann, wenn es keinen direkten Zusammenhang zwischen der Messung des Erfolges und den Ideen gibt, die jemand verbreitet.

Wir müssen alle von Handwerkern lernen. Es gibt auch ein geistiges Handwerk, das Sauberkeit und Präzision im

Denken und in der Leistung verlangt. Ich möchte dir in diesem Brief zehn »Werkzeuge« schildern, die du lernen solltest, und will begründen, warum.

1. Der Umgang mit dem Computer

Da renne ich vermutlich offene Türen ein. Darüber brauche ich gar nicht viel zu reden, weil das für eure Generation selbstverständlich geworden ist. Ihr seid mit dem Computer aufgewachsen und könnt ohne dieses Werkzeug gar nicht mehr arbeiten. Das ist gut so. Das ist einer der Punkte, bei denen ich sogar ein bisschen neidisch auf euch bin. Der Computer ist ein wunderbares Werkzeug. Er nimmt einem zwar durchaus nicht das Denken ab, wie manche meinen, aber er macht es leichter, die Ergebnisse seines Denkens festzuhalten und darzustellen. Denken muss man immer noch selbst. Darüber will ich mich also nicht weiter auslassen.

2. Protokolle führen

Das ist eine Basisfähigkeit. Nicht nur, weil man als junger Mensch damit schnell in einem Unternehmen bekannt wird. Es fällt auf, wenn man ein gutes Protokoll von einer Diskussion abliefern kann. Das spricht sich schnell herum: »Der kann sogar Protokolle führen.«

In der Fähigkeit, gute Protokolle zu schreiben,
liegt ein wichtiger Lerneffekt:
Man kann dabei lernen, das Wesentliche
vom Unwesentlichen zu unterscheiden.

In der Fähigkeit, gute Protokolle zu schreiben, liegt ein wichtiger Lerneffekt: Man kann dabei lernen, das Wesentliche vom Unwesentlichen zu unterscheiden. Da ist eine Konferenz. Da wird eineinhalb Stunden geredet, manchmal gequatscht. Da tauchen ganz entscheidende Aussagen und Gedanken auf und viele banale und unwesentliche. Wer das Protokoll führt, muss versuchen, dies in zwei bis drei DIN-A4-Seiten zusammenzufassen: Was ist jetzt wirklich bei dieser Konferenz herausgekommen?

Ich kann nur raten, dies zu lernen. Es schärft den Blick für das wirklich Wichtige. Ich habe Lehrern empfohlen, in allen Unterrichtsstunden immer reihum von einem der Schüler Protokoll führen zu lassen, um es dann in der jeweils nächsten Stunde vorzulesen. Einige Lehrer haben diese Gedanken aufgegriffen und mir später berichtet, wie wertvoll dieses Können ist.

3. Eine Checkliste anlegen

Du kannst über einen Vorgang einen großen Aufsatz schreiben und den Vorgang blumig ausmalen. Das kann manchmal gut und richtig sein. Es wird ja auch in der Schule gelehrt. Später am Arbeitsplatz ist eine andere Methode sehr viel interessanter: Den Vorgang präzise in Einzelschritte zerlegen und diese protokollieren. An was muss alles gedacht werden – Schritt für Schritt?

Die Checkliste ist ein bewährtes System, z. B. in der Luftfahrt. Die hohe Sicherheit, die dort erreicht wurde, ist ohne Checkliste nicht denkbar. Jeder Pilot – und sei er noch so erfahren – muss checken. Denn ein vergessener Schalter kann tödlich sein. An was muss alles gedacht werden und in welcher Reihenfolge?

Wenn das undurchdachte Geschwätz mancher Menschen tödlich für sie wäre, würde präziser gedacht werden.

4. Eine Idee, einen Vorschlag kurz und bündig darstellen

Es ist ein bisschen wie Aufsatzschreiben, aber nicht ganz. Hier geht es darum, einer Idee konkreten Ausdruck zu geben. Ideen sind zuerst meist vage. Es wird spannend, wenn man sie schriftlich darstellen soll. Denn dabei stellt sich oft heraus, ob sie richtig durchdacht sind oder noch nicht.

Eine der präzisesten Stilformen, die es gibt, ist die Patentschrift. Hier muss man einer Idee einen höchst präzisen Ausdruck geben. Jedes Wort kann für den Patentanspruch nachher juristisch relevant sein.

Eine Fähigkeit, die man in allen Berufen braucht:
einem Gedanken so perfekt
Ausdruck geben zu können,
dass der andere sofort versteht, worum es geht.

Es ist eine wichtige Fähigkeit, die man in allen Berufen braucht: einem Gedanken, einer Idee einen so perfekten Ausdruck zu geben, dass der andere, der sie liest, sofort versteht, worum es geht und wo der Vorteil und der Nutzen liegen.

5. Einen Schritt-für-Schritt-Plan anlegen

Über Ziele, die man sich setzt und möglichst auch schriftlich formulieren sollte, haben wir schon gesprochen. Aber um ein Ziel zu erreichen, braucht man einen Plan. Dabei löst man den Weg zu diesem Ziel in Etappen auf.

Die wenigsten Menschen können im Rohbau eines Hauses in dem Loch, das für die Treppe vorgesehen ist, von einem Stockwerk ins andere springen. Aber eine Treppe hochzugehen ist für die meisten Menschen bequem und mühelos.

Wenn ich also ein hohes Ziel in Einzelschritte zerlege, wird das Ziel sehr viel leichter erreichbar. Aber auch diese Einzelschritte müssen präzise, einfach, klar formuliert werden: erstens, zweitens, drittens. Wie gehen wir vor? Und in welcher Reihenfolge?

6. Einen Vortrag halten

Man muss seinen Ideen auch mündlich Ausdruck geben können – und dies spannend und mitreißend. Beschäftige dich mit dem Thema Rhetorik. Dränge dich vor in der Schule, in einem Verein oder in der Firma, wenn es eine Gelegenheit gibt, einen Vortrag zu halten. Bereite dich ordentlich darauf vor.

> *Es ist eine ganz entscheidende*
> *Erfolgsfähigkeit, sich artikulieren zu können.*
> *Es ist eine jener Fähigkeiten, mit denen man*
> *schnell in Führungspositionen kommt.*

Wenn dir das nicht leicht fällt, dann mache einen Rhetorikkurs mit. Dazu gibt es überall Angebote. Es ist eine ganz entscheidende Erfolgsfähigkeit, sich artikulieren zu können. Es ist eine jener Fähigkeiten, mit denen man schnell in Führungspositionen kommt, selbst wenn es zunächst nur im Sportverein wäre oder bei den Wirtschaftsjunioren.

Lerne dabei mit der Zeit, frei zu reden. Um frei reden zu lernen, ist es besser, den Vortrag nicht wörtlich auszuarbeiten, um ihn dann vom Blatt abzulesen, sondern anhand von Stichworten locker und mit Blickkontakt mit dem Publikum zu sprechen. Das ist eine Schlüsselfähigkeit.

Hier aus meiner eigenen Erfahrung ein paar konkrete Ratschläge, wie man einen spannenden Vortrag hält:

Beginne immer mit einer überraschenden Feststellung, einer kleinen Geschichte, einer Anekdote, einem persönlichen Erlebnis, einem Zitat. Die Zuhörer sollen sofort »aufhorchen«.

Um Spannung zu erzeugen, kann man von der Dramaturgie eines guten Krimis lernen. Da ist zuerst die »Leiche«. Bei einem guten Vortrag wäre es das ungelöste Problem, das man aufzeigt. Nun wägt man Möglichkeiten ab, was es da alles für Theorien und Ideen gibt, um das Problem zu lösen, lässt aber noch nicht die Katze aus dem Sack. Die Zuhörer müssen mitdenken und mitraten: Wo liegt denn jetzt die Lösung?

Dann spitzt man spannend zu und kommt zur Auflösung des aufgezeigten Problems. Was wissen wir denn jetzt wirklich? Wie kann es denn gehen? Wie packen wir es an?

Höchst wichtig ist der Schluss. Da sollte noch einmal eine gute Story her oder ein »flammender« Schlussappell oder auch eine humorvolle Geschichte.

Man wird als Vortragsredner sehr viel authentischer und sehr viel interessanter, wenn man nicht nur Theorien verbreitet, sondern an sehr vielen praktischen Beispielen möglichst konkret wird, vor allem aber mit persönlichen Erlebnissen. Der Hörer muss merken: Da bringt sich einer mit seiner ganzen Persönlichkeit ein.

Und wer das Talent dazu hat: Auch Humor ist eine starke rhetorische Form. Mit einer witzigen Formulierung oder einer kleinen Geschichte, die die Zuhörer zum Lachen bringt, hat man sie schnell auf seiner Seite.

Noch einen Rat: Schaue deine Zuhörer an. Suche dir im Publikum jene Menschen aus, bei denen du das Gefühl hast, dass sie höchst interessiert mitgehen. Auf die sprehe dann zu, dann wirst du mit lebendigem Blickkontakt die ganze Gruppe fesseln.

7. Ein Team moderieren

Teamarbeit wird in vielen Unternehmen immer wichtiger. Aber auch Teamarbeit und Teamkonferenzen brauchen Struktur, müssen geleitet und moderiert werden. Auch hierauf sollte man sich vorbereiten. Was soll erreicht werden? In welchen Schritten gehen wir vor? Welche Tagesordnungspunkte müssen besprochen werden?

Hier kommt es darauf an, mit einer gewissen »weichen Autorität« Kreuz- und Quergerede zu verhindern. Man darf auch selbst nicht das Team dominieren. Besser ist es, zunächst zuzuhören und erst, wenn die Diskussion ausufert, einzugreifen: die Diskussion zu bündeln und behutsam zu steuern. Nur so kommt etwas dabei heraus.

8. Gute Briefe schreiben

Ihr könnt alle eine SMS schreiben. Das weiß ich, und darüber brauche ich nicht zu reden. Ihr könnt auch flott mailen. Das sind die schnellen Kommunikationsmethoden, die sich heute durchgesetzt haben.

Man gibt einer Idee, einer Botschaft,
einer Information eine ganz andere Bedeutung, wenn
man sie noch mit dem klassischen
Medium Brief weitergeben kann.

Aber es gab früher so etwas wie eine »Briefkunst«. Glaube mir: Sie ist auch heute noch sehr wichtig. Man gibt einer Idee, einer Botschaft, einer Information eine ganz andere Bedeutung, wenn man sie noch mit dem klassischen Medium Brief weitergeben kann. Und man profiliert sich stärker als eigenständige Persönlichkeit.

Ein gekonnter Bewerbungsbrief mit Beilagen, die optisch interessant gestaltet sind, fällt heute bei jedem Personalchef auf.

Ich kenne bedeutende Führungskräfte, die alle neuen Kommunikationsmittel in ihren Unternehmen gekonnt und intensiv nutzen. Sie wissen aber, dass für manche Aufgaben der persönliche Brief das wirksamste Medium ist. Ich kann dir nur raten: Lerne gute Briefe zu schreiben, die auch formal Stil haben. Lasse dir einen anständigen Briefbogen drucken oder entwerfe ihn selbst an deinem Computer. Das kostet nicht viel.

9. Eine Verhandlung führen

Das ist schon »hohe Schule«. Aber auch da kann man einiges lernen. Eine gute Verhandlung hat eine bestimmte Struktur. Man will ja etwas erreichen. Eine Verhandlung ist etwas anderes als ein Gespräch. Bei einem Gespräch geht es – wenn es ein gutes Gespräch ist – um Informationsaustausch. Bei einer Verhandlung geht es um ein Ergebnis, eine Entscheidung, einen Vertrag über das, was später gemeinsam unter Partnern gemacht werden soll.

Hier geht es darum, dir bewusst zu machen, dass verhandeln können eine jener wichtigen Fähigkeiten ist, die dir sehr dabei helfen, dein Leben erfolgreich zu meistern.

Auch hier ein paar Anregungen aus meiner persönlichen Erfahrung, wie man eine gute Verhandlung dramaturgisch richtig aufbaut:

- Man bereitet sich intensiv vor: Was will ich erreichen? Was ist die Interessenlage des anderen, mit dem ich verhandele? Was weiß ich über ihn und seine Hintergründe? Henry Ford, ein sehr erfolgreicher Mensch, hat einmal gesagt, wenn es überhaupt ein Rezept für eine erfolgreiche Verhandlung gibt, dann: die Fähigkeit zu gewinnen, die Dinge aus der Sicht des anderen zu sehen. Diese Vorbereitung sollte nicht nur im Kopf geschehen, sondern schriftlich: sich also Notizen machen.

- Eine menschlich-persönliche Atmosphäre schaffen: etwas anerkennen, über etwas Privates reden. Es treffen sich Menschen, die kooperieren wollen, also auch einen persönlichen menschlichen Hintergrund haben, den man bei keiner Kooperation ausschalten kann und soll.

- Die »Diagnose-Phase«: erst einmal zuhören können, gezielte Fragen stellen, um die Interessenlage des Verhandlungspartners zu ergründen. Wodurch könnte ich ihm mit meinem Verhandlungsvorschlag Nutzen bieten, sein Problem lösen?

- Einen Nutzenbiet- und Kooperationsvorschlag vortragen und dafür argumentieren: Welche Vorteile hat der Verhandlungspartner, wenn er auf meinen Vorschlag eingeht?

- Es wird offene Fragen geben, Einwände, Bedenken. Wer sich gut vorbereitet hat, hat einige dieser Fragen und Bedenken geahnt und weiß, wie er sie ausräumen kann.

Es gilt, Verständnis zu zeigen für die Bedenken des anderen, aber sie dann doch zu entkräften.

— Zum Abschluss kommen, zu einer Vereinbarung. Hier ist es sehr sinnvoll, sich ein paar Alternativen vorzubereiten. Oft ist es richtig, das Spiel nicht auf alles oder nichts zu spielen. Sollten wir es lieber so oder so machen? Jeder Abschluss einer Verhandlung ist immer eine Kooperation, bei der zwei Interessenlagen in Einklang gebracht werden müssen.

— Jede Verhandlung sollte man nachbereiten, d. h. sich hinterher in Ruhe noch einmal hinsetzen und überdenken: Was war gut? Was war schlecht? Welche neuen Informationen oder Erkenntnisse habe ich gewonnen? Diese Nachbereitung ist besonders wichtig bei Verhandlungen, bei denen man nicht den Erfolg erreicht hat, den man wollte. Woran hat es gelegen? Was werde ich bei einer nächsten Verhandlung besser machen? Aus Misserfolgen kann man besonders viel lernen.

Verhandlungskunst ist eine der wesentlichen Fähigkeiten, um erfolgreich zu sein.

10. Sprachen lernen – vor allem Englisch

Das ist der größte Fehler – das weiß ich heute –, den ich in meinem Leben gemacht habe: In der Schule habe ich Englisch nicht sehr ernst genommen, und dementsprechend waren auch die Ergebnisse.

Man kann es drehen und wenden, wie man will: Englisch ist zur Weltsprache geworden. Ich glaube, jeder, der etwas werden will, braucht neben seiner Muttersprache ein gewandtes Englisch. Das ist allein in der Schule kaum zu lernen. Dazu müssen Auslandsaufenthalte kommen, bei denen man in der anderen Sprache lebt.

Englisch sprechen zu können ist nicht nur für Führungspositionen notwendig. Auch der Monteur, der ins

Ausland geschickt wird, muss Englisch können, der Ingenieur erst recht.

Es ist allerdings auch höchst interessant, neben Englisch als Weltsprache noch eine oder mehrere andere Sprachen zu beherrschen oder gar »Spezialist« für ein bestimmtes Land oder einen bestimmten Sprachraum zu werden. Das öffnet Türen bei Unternehmen und internationalen Institutionen.

Die zehn Fähigkeiten, die ich hier geschildert habe, sind zehn Meta-Fähigkeiten, die also unabhängig von dem Beruf, in dem man einmal arbeiten wird, gelten. Ich kann dir nur raten, sie ernst zu nehmen. Sie sind eine wunderbare Grundlage, deine berufliche Entfaltung zu erhöhen, ob man nun Verkäufer in einem Fachgeschäft ist, Autoschlosser, Ingenieur, Betriebswirtschaftler, Mediziner oder Direktor einer Schule.

Es sind Fähigkeiten, die berufsunabhängig sind, aber in allen Berufen gebraucht werden. Es sind jene Fähigkeiten, um die Ziele, die man sich setzt, schneller und sicherer zu erreichen.

Herzlichst
dein M. S.

Die Quintessenz

1. Es gibt eine Reihe von Basisfähigkeiten, die man nicht immer in der Schule lernt oder in der Lehre. Man muss sie sich selbst erarbeiten.
2. Dabei kommt es vor allem darauf an zu lernen, das Wesentliche vom Unwesentlichen zu unterscheiden. Die Fähigkeiten, Protokolle zu führen, eine Checkliste anzulegen, eine Idee kurz und bündig darzustellen, einen Schritt-für-Schritt-Plan anzulegen, sind besonders geeignet, den Kern der Dinge zu erfassen und einfach und klar darzustellen.
3. Der zweite Block dieser handwerklichen Kernfähigkeiten bezieht sich auf die Kommunikation, den Umgang mit Menschen: einen Vortrag halten, ein Team moderieren, gute Briefe schreiben, Verhandlungen führen und Sprachen können. Leistungsfähigkeit plus Kommunikationsvermögen macht erfolgreich.
4. Diese Kernfähigkeiten sind nicht berufsspezifisch. Man braucht sie in jedem Beruf. Es sind die Meta-Fähigkeiten, die überall notwendig sind, wenn man in seinem Beruf ganz besonders erfolgreich sein möchte.
5. Weil sie nicht berufsspezifisch sind, kann man sie auch in jedem beruflichen Werdegang lernen, indem man jede Chance nutzt, wo man sie anwenden kann.

6. Brief

Nicht der Stärkste überlebt, sondern der Kreativste

Die saudumme – und nicht nur das, sondern geradezu verbrecherische – Auslegung der Grundformel des Lebens war, den Darwin-Satz »Survival of the fittest« mit »Der Stärkste überlebt« zu übersetzen. Das hatte schreckliche Folgen – bis hin zu der Selektion in Auschwitz an der Rampe. Erst einmal: Es ist im Deutschen ein furchtbarer Übersetzungsfehler. Er speist sich offensichtlich aus der Tatsache, dass wir »fit« im Sinne von »körperlich in guter Verfassung« aus dem Englischen übernommen haben. Im Englischen ist das aber nur eine Nebenbedeutung des Wortes, die zudem erst nach der Veröffentlichung von »The Origin of Species« entstanden ist. »Fittest« bei Darwin heißt also »der Passendste«.

Dass das Leben gedeihen konnte,
hat seine Ursache in der ungeheuren Kreativität,
mit der es immer neue Lebensstrategien
gefunden hat.

Schau in die Natur. Ich gehe jede Wette mit dir ein, dass der vermeintlich starke Löwe eher ausgestorben sein wird als die heute geschätzten 250 000 Schmetterlingsarten, die es auf der Erde gibt. Sind die stark?

Ich gehe jede Wette mir dir ein, dass der vermeintlich starke Mammutbaum vermutlich eher ausgestorben sein wird als die 30 000 Orchideenarten, die es auf der Erde gibt. Sind die stark?

Und es könnte sogar sein, dass wir Menschen, wenn wir weiterhin genug Dummheiten machen, eher ausgestorben sein werden als die kleinen und schwachen Bakterien.

Dass das Leben in dieser Fülle und Vielfalt gedeihen konnte, hat seine Ursache in der ungeheuren Kreativität, mit der es immer neue Arten entwickelt, neue Lebensstrategien gefunden und Krisen gemeistert hat.

Als man die ersten Bakterien in den Weltraum schoss, um zu beobachten, wie sie reagieren würden, wenn sie eine Situation erleben, die sie und ihre Vorfahren überhaupt noch nicht gekannt haben konnten – die Weltraumstrahlung –, erhöhten sie die Mutationsrate. Mutationen in der Natur entsprechen den Ideen der Menschen.

Es ist die Suche nach neuen Überlebensmöglichkeiten. Wenn es mulmig wird, muss das Leben sich etwas Neues einfallen lassen. Davon können sogar wir Menschen noch sehr viel lernen.

Wenn es mulmig wird, schreien wir allerdings oft nach dem Staat, der das alles für uns lösen soll. Wir suchen die Schuld bei anderen, statt uns zu fragen: Was haben wir für neue Ideen, mit denen wir die Probleme lösen könnten?

Das Grundgesetz des Lebens ist Kreativität auf der Suche nach Gedeihen in Vielfalt und Fülle. Damit möchte ich dich animieren, dich mit dem Thema Kreativität zu beschäftigen. Dazu gibt es heute eine Menge höchst interessanter Ideen und Methoden.

Die Kernmethode ist das »Brainstorming« – ein verrücktes Wort: einen »Gehirnsturm« erzeugen.

Du weißt doch, wie das bei vielen Diskussionen geht. Man hat ein Problem und diskutiert darüber, wie es gelöst werden könnte. Jemand hat eine Idee und sagt sie laut. Dann kommt ziemlich sicher von einem anderen aus der Gruppe die Killerphrase.

Kreativitäts-Experten haben ganze »Killerphrasenlisten« zusammengestellt. Wenn du die liest, bekommst du

Lachkrämpfe. Du müsstest dich eher in die Ecke setzen und bitterlich weinen. »Das bringt doch nichts.« »Wer soll das denn machen?« »Dafür haben wir kein Geld.« »Dafür haben wir keine Zeit.« »So macht man das nicht.« »Das hat der Opa schon probiert, und es hat nichts gebracht.« Das sind alles Killerphrasen. Die besten Ideen, die auf die Welt kamen, wurden zuerst immer verlacht.

Ich saß einmal im Flughafen Berlin-Tegel und hatte eine Stunde Zeit vor Abflug meiner Maschine. An der Decke hing eine Nachbildung des vermutlich mit Betttüchern bezogenen komischen Lattengestells, mit dem Otto Lilienthal in Anklam in der Nähe von Berlin seine ersten Flugversuche machte.

Ich sah mir das Modell an und wünschte mir, ich könnte diesen Otto Lilienthal auf die Erde zurückholen, um ihm vorzuführen, was aus dieser Idee geworden ist. Selbst seine Fantasie – und er hatte viel Fantasie – hätte nicht ausgereicht, um sich vorzustellen, dass sich aus dieser primitiven Flugmaschine einmal Flugzeuge entwickeln würden, die in wenigen Stunden von Kontinent zu Kontinent fliegen, in denen 500 Menschen sitzen, die von hübschen Stewardessen mit gutem Essen versorgt werden.

Wenn ich schon zu der Zeit, in der er seine Versuche machte, gelebt hätte und ihm solche Fantasien hätte vortragen können, hätte er vermutlich zu mir gesagt: »Hör einmal zu. Die Leute halten mich alle für einen Spinner. Aber jetzt spinnst du! Ich kann mir vorstellen, dass man mit einem solchen Flugzeug einmal von Berlin nach Dresden fliegen kann und dass man eine Kabine bauen kann, damit ich nicht in Wind und Regen drunter hängen muss. Aber was du da erzählst, ist unvorstellbar.« Aber es ist geworden!

Man killt ja seine Ideen oft schon im eigenen Gehirn. Du hast ein Problem und grübelst, wie man es lösen könnte. Dann kommen dir Ideen. Aber dein Gehirn liefert dir auch meist die Killerphrasen dazu: »Das geht ja doch nicht.« »Das bringt nichts.« Du denkst schon gar nicht mehr weiter darüber nach.

Das Brainstorming ist die Ur-Methode der Kreativität, wie auch die Natur sie anwendet.

Genau das wird durch die Methode des Brainstormings verhindert. Es ist eigentlich ganz einfach. Man kann das Brainstorming für sich allein anwenden auf einem Blatt Papier. Man kann es in Gruppendiskussionen nutzen.

Das sind die methodischen Schritte:

1. Das Problem wird genau aufgezeigt und die Aufgabe präzisiert: Was wollen wir erreichen?

2. Dann darf nicht diskutiert werden. Du sollst auch nicht »mit dir selbst diskutieren«, wenn du über deinem Blatt Papier sitzt. Du sollst einfach alle möglichen und unmöglichen Ideen aufschreiben, mit denen man im weitesten Sinne dieses Problem lösen könnte. Lass dein Gehirn doch einfach einmal »stürmen«. Da sollen und müssen auch völlig verrückte Ideen dabei sein. Oft ist gerade in der verrückten Idee der Ansatz des wirklich Neuen. Es darf keine Killerphrasen geben, weder in deinem eigenen Gehirn noch in der Gruppendiskussion. In der Gruppe schreibt einer die Ideen mit – vorn auf der Tafel oder einem Flip-Chart-Blatt.

3. In einer weiteren Sitzung setzt man sich in Ruhe hin und beurteilt die Ideen. Jeder, der eine Idee killen will, muss dann schlüssig darlegen, warum das wirklich nicht gehen kann.

Ich habe in meinem Beruf sehr viele Brainstormings geleitet. Manchmal solche, wo ich selbst zu Anfang gedacht habe: »Zu diesem Problem gibt es keine Lösung.« Ich war dann meist höchst überrascht, wie sich dann doch, wenn man die Gehirne wirklich einmal »stürmen« ließ, Lösungen auftaten, die ich so nicht erwartet hatte.

Warum ist die Kreativitätsmethode so effektiv?

Das Brainstorming ist die Ur-Methode der Kreativität, wie auch die Natur sie anwendet. Deshalb ist es so erfolgreich. Du hast sicher im Biologieunterricht von Mutation und Selektion gehört. Die Mutationen entsprechen unseren Ideen. Es sind Möglichkeiten, etwas zu verändern, etwas besser zu machen, etwas zu entfalten.

Selektion ist die Bewertung dieser Ideen. Bringen sie etwas oder bringen sie nichts? Aber zuerst einmal gilt es, sozusagen »auf Teufel komm raus« – ich würde hier lieber formulieren »auf Engel komm raus« – wild Möglichkeiten zu suchen, wie es gehen könnte und erst dann zu bewerten. Wir machen immer einen Fehler, wenn wir drei Dinge in einem Rutsch erledigen wollen:

1. Ideen haben.
2. Sofort beurteilen, ob sie funktionieren oder nicht.
3. Wissen, wie sie funktionieren und was sie bringen.

Das sind drei getrennte Schritte.

Das Spiel mit dem Brainstorming kann man weitertreiben. Wenn eine interessante Idee dabei ist, man aber noch nicht weiß, wie sie angewendet werden kann, kann man ein zweites Brainstorming mit sich selbst oder einer Gruppe ansetzten und sucht jetzt wieder Ideen, wie denn diese interessante Idee verwirklicht werden könnte. Das ist ein bohrender Prozess und macht riesigen Spaß.

Ich habe einmal in einer Führungsakademie zwei Gruppen, die in getrennten Räumen gearbeitet haben, die gleiche Aufgabe gestellt. Der einen Gruppe habe ich gesagt: »Diskutiert darüber und präsentiert mir nach einiger Zeit einen Vorschlag«. Der anderen Gruppe habe ich gesagt: »Ihr dürft nicht diskutieren. Ihr müsst nur Ideen per Brainstorming entwickeln, wie es denn gehen könnte.« Das Ergebnis war: Die erste Gruppe hat sich die ganze Zeit um eine der ersten Ideen, die genannt worden sind, gestritten. Die Idee war noch nicht einmal gut. Die zweite Gruppe hatte 14 Ideen, von denen drei so gut waren, dass damit das Problem lösbar wurde. Keine Gruppe war schlauer als die andere. Nur: Die zweite Gruppe hatte die bessere Methode.

Lege dir in deinem Konzeptbuch, das ich dir empfohlen habe und das ich dir im 12. Brief noch genauer beschreiben werde, zu deinen Zielen Ideenblätter an. Ideen kommen immer dann, wenn man sie nicht braucht. Und wenn man sie braucht, sind sie nicht da. Deshalb ist es sinnvoll, eine Idee immer sofort aufzuschreiben und in die Ideenmappe einzulegen. Das sammelt sich. Ideen kann man geradezu »auf der Straße« auflesen. Wenn man ein wenig wach durchs Leben geht, sieht man hier etwas, hört und erfährt dort etwas, woraus man lernen kann.

Wer sich ein persönliches Entwicklungs-Konzeptbuch anlegt, schafft sich ein Instrument, das wie ein Schwamm wirkt. Es saugt Ideen und Wissen auf, die dir helfen können, dich kraftvoll zu entwickeln.

»Kreativität ist spielerisches Denken«, so hat das der Kreativitätsforscher de Bono genannt. Das heißt, nicht sofort zu fragen: »Was bringt es?« »Geht es oder geht es nicht?« – sondern einfach spielerisch Ideen sammeln und spielerisch einiges probieren. »Kreativ ist man nur im entspannten Feld.« Das ist ein Zitat des Verhaltensforschers und Nobelpreisträgers Konrad Lorenz. Lorenz und de Bono – zwei kluge Menschen, von denen man lernen kann.

Herzlichst
dein M. S.

Die Quintessenz

1. Nicht der Stärkste überlebt, sondern der Kreativste.
2. Kreativität heißt neue Ideen gewinnen, die es bisher so noch nicht gab, um damit Probleme zu lösen oder etwas weiterzuentwickeln.
3. Die Kern-Methode der Kreativität ist das Brainstorming. Sie entspricht der Ur-Methode der Lebensentwicklung: Mutation und Selektion. Es kommt darauf an, erst einmal Ideen zu gewinnen, wie ein Problem zu lösen sei und dabei alle Killerphrasen ausschalten – auch die im eigenen Kopf. Gerade in den ungewöhnlichen Ideen liegt oft der beste Lösungsansatz weiterzukommen. Da muss man sich hüten, sie sofort als unbrauchbar zu deklarieren, weil sie neu sind.
4. Außenseiter sind oft kreativer, weil sie nicht befangen sind: »So haben wir das immer schon gemacht!« »So haben wir das noch nie gemacht!« »So machen es doch alle!«
5. Wer sich ein persönliches Konzeptbuch anlegt, kann und sollte darin geordnet seine Entwicklungsideen sammeln, um sie dann zu einem persönlichen Entwicklungskonzept zu verdichten.

7. Brief

Auch Misserfolge und Schwierigkeiten gehören zum Leben – es kommt darauf an, was du daraus machst

Menschen, die dir erzählen, dass ihr Leben eine einzige glatte Erfolgsgeschichte sei, lügen. Das gibt es nicht.

Es ist sogar eher umgekehrt. Ich habe Menschen erlebt, die große Handikaps, große Schwierigkeiten und viele Misserfolge hatten und die gerade daraus die Kraft gewonnen haben, ihr Leben zu meistern.

Da gibt es einen in seiner Branche höchst erfolgreichen Menschen. Er war 21 Jahre alt, als er in einer der letzten Panzerschlachten des Zweiten Weltkrieges in letzter Minute aus einem zerschossenen und brennenden Panzer herausgezogen wurde. Sein Gesicht war verbrannt. Er hat ein Bein verloren. Eine Hand war verstümmelt. Junge Menschen, die gesunde Knochen haben, bitte ich herzlich, sich vorzustellen, was es bedeutet, mit 21 Jahren so zugerichtet zu sein. Einige würden dann sagen: »Das Leben ist gelaufen.«

*»Wer auf sein Elend tritt, steht höher« –
Handicaps, Probleme, Mängel sind
große Herausforderungen: Jetzt erst recht!*

Das Gesicht dieses Menschen wurde in vielen Hautoperationen, wie er mir sagte, wieder zusammengeflickt. Das Bein, das einmal aus Fleisch und Blut war, musste durch eine Kunststoffprothese ersetzt werden.

Was dieser Mensch aus diesem Handikap gemacht hat, wird heute bewundert. Psychologen würden sagen: Er hat überkompensiert. Und das nicht nur mit seinen geschäftlichen Erfolgen, sondern auch in seiner ganzen Persönlichkeit. Er hat große Teile seines Vermögens in eine Stiftung eingebracht, die Familien mit schwerstbehinderten Kindern fördert. Er weiß, was Behinderung heißt.

»Wer auf sein Elend tritt, steht höher«, hat Hölderlin in »Hyperion« geschrieben. Handikaps, Probleme, Mängel sind große Herausforderungen: Jetzt erst recht!

Ein Waldbach, der nie gestaut wird,
entwickelt keine Kraft. Er plätschert dahin.
Aber der kleinste Waldbach kann ungeheure
Kräfte entwickeln, wenn und wo er gestaut wird.

Hier muss ich noch einmal den Psychologen Alfred Adler zitieren. Er nannte es »Überkompensieren« und sagte: Da, wo ein Mensch am stärksten gestaut wird, da kann er seine höchste Kraft entwickeln. Ein Waldbach, der nie gestaut wird, entwickelt keine Kraft. Er plätschert dahin. Aber der kleinste Waldbach kann ungeheure Kräfte entwickeln, wenn und wo er gestaut wird.

Ich habe in meinem Leben Menschen kennen gelernt, die in der Schule große Schwierigkeiten hatten oder sogar gescheitert waren. Sie wurden trotzdem oder gerade deswegen erfolgreich im Leben.

Allerdings habe ich auch Menschen kennen gelernt, denen vermeintlich alles zugefallen war, die aber dann später im Leben gescheitert sind, weil sie nie Biss entwickelt hatten. Da sehe ich heute ein Problem bei vielen jungen Menschen. Wir haben in Deutschland Zeiten hinter uns mit einem beispiellosen wirtschaftlichen Wohlstand. Kinder, die erfolgreiche Eltern haben, leben oft in einem Umfeld, in dem alles da ist. Wenn die Eltern dann noch die Dummheit machen – und ich sehe das als große erzieherische Dummheit an –, immer dann, wenn ihre Kinder Probleme haben, das für sie zu regeln: »Der Papa macht das schon«, nehmen sie ihnen die Chance, Herausforderungen selbst zu meistern und mit Misserfolgen und Schwierigkeiten fertig zu werden.

Die Seidenraupe puppt sich ein, um Schmetterling zu werden. Wenn dieser Prozess abgeschlossen ist, muss sie sich aus dem Kokon herausbeißen. Hilft man dieser Seidenraupe von außen, z. B. mit einem kleinen Messerchen, den Kokon zu öffnen, geht sie nachher ein. Sie hat keinen Biss entwickelt.

Manche Eltern sollten die Aussage des Ökonomen Joseph Schumpeter ernst nehmen, der einmal sagte: Man soll den Kindern nicht nur die Beute hinterlassen, sondern auch die Klauen. Wenn Kinder keine Klauen entwickeln, werden sie die Beute verlieren.

Die Erziehungswissenschaftlerin Christa Mewes meinte: Wenn man den Kindern alle Schwierigkeiten abnimmt und ihnen alles gibt, dann gibt man ihnen nichts, sondern nimmt ihnen etwas: die Chance zu eigenen Erfolgserlebnissen. Das Erlebnis »Das habe ich selbst in den Griff bekommen« ist ungeheuer viel wert für das Leben.

Deshalb mein Rat: Lass dir nicht so viel von den Eltern oder anderen helfen, wenn du Probleme hast. Pack es selbst an. Du kannst erfahrene Menschen um Rat bitten. Das ist klug. Aber entscheiden und machen solltest du selbst.

Ein Vater, dessen Tochter Marketing studiert hatte, bat mich einmal, ihr durch Beziehung eine Stelle zu vermitteln. Das ist absurd. Jemand, der Marketing studiert hat und seine Leistung nicht selbst vermarkten kann, ist auch im Marketing einer Firma nicht sehr viel wert!

In einem anderen Brief sprach ich schon über die Floprate, mit der man in Unternehmen rechnet, z. B. bei der Entwicklung neuer Produkte und Leistungen. Nie gelingt alles. Es kann – wie wir gesehen haben – so weit gehen, dass von zehn Ideen nur eine durchkommt. Das kann auch im Leben so sein!

Da gibt es die dramatische Geschichte des armselig bezahlten Physiklehrers Igor Sikorski, der sich in New York mit Abendschulkursen durchschlug und die – wie manche Leute meinten – »dumme« Idee hatte, ein Fluggerät zu konstruieren, das keine Start- und Landebahn mehr brauchte. Es sollte sich sofort von der Wiese erheben und sogar in der Luft stehen können: der Hubschrauber.

Das war zu Anfang eine einzige Misserfolgsgeschichte. Er hatte kein Geld. Sikorski fand nur mühsam Geldgeber. Dann stimmten die Konstruktionen noch nicht. Die Maschinen stürzten ab. Es gab Verletzte. Die Geldgeber sprangen ab. Aber Sikorski glaubte an seine Idee. Was daraus geworden ist, wissen wir heute: Wie vielen Menschen haben Rettungshubschrauber das Leben gerettet!

Es klingt jetzt sehr komisch, wenn ich das hier schreibe: Freue dich über deine Handikaps, über deine Probleme, über deine Schwierigkeiten und über Misserfolge, denn in ihnen steckt die große »Jetzt-erst-recht-Chance«, damit das Leben nicht so dahinplätschert wie der ungestaute Waldbach, der nirgendwo Kraft entwickelt.

Da gibt es dann jene geifernden Gurus, die in Massenveranstaltungen den Menschen einreden: »Du kannst alles! Du musst es nur wollen!« Einer von ihnen hat mittlerweile Insolvenz angemeldet und saß im Gefängnis. Wenn das der »Erfolg« seiner Lehren ist, dass er mit seinem persönlichen Leben scheitert, dann muss man schon sehr misstrauisch werden.

Die Leute, die mit Patentrezepten handeln, wie man mühelos erfolgreich, glücklich und reich werden kann, sind Scharlatane. Diese Patentrezepte gibt es nicht, oder sie sind kriminell – wie diese Schneeballsysteme, bei denen immer nur die Ersten absahnen und die Letzten die Hunde beißen.

Junge Menschen sollten sich davon nicht verführen lassen. So einfach ist es nicht. Wenn selbst ein so kreativer Erfinder wie Thomas Edison sagte, Genie sei ein Prozent Inspiration und 99 Prozent Transpiration – Transpiration, das ist Schweiß –, was sollen wir »normalen« Menschen denn dann sagen?

Auch wenn dich Mathematik in der Schule nicht so sehr interessiert hat, erinnerst du dich vielleicht noch an die »Gauß'sche Glocke«. Sie trägt eine wichtige Erkenntnis für dein Leben. Ich hoffe, dass es Mathematiklehrer gibt, denen es gelingt, ihren Schülern auch bei einer so trockenen mathematischen Idee die praktischen Folgerungen für das Leben zu erläutern.

Was man aus der »Gauß'schen Glocke« lernen kann, ist ganz einfach: Wenn ich etwas erreichen und etwas lernen will, das ich noch nicht kann, muss ich umso häufiger probieren. Mit jedem neuen Versuch wächst die Chance des Gelingens.

Das ist so, als ob du mit einem Pfeil auf eine Scheibe schießt. Wenn du ein großer Könner im Schießen bist, triffst du sofort ins Schwarze. Wenn du noch kein guter Scheibenschütze bist, werden sich deine Pfeile um den Zielpunkt herum weit streuen. Vielleicht gehen einige sogar ganz an der Scheibe vorbei.

Wenn ich etwas lernen will, das ich noch nicht kann,
muss ich umso häufiger probieren.
Mit jedem neuen Versuch
wächst die Chance des Gelingens.

Das macht aber nichts. Wenn du hartnäckig und ausdauernd weiter schießt, wächst mit jedem Schuss die Wahrscheinlichkeit, ins Schwarze zu treffen, weil du mit jedem Schuss etwas sicherer wirst.

Die »Gauß'sche Glocke« ist flach und breit, wenn du

noch nicht gut schießen kannst. Sie wird schmal und hoch je öfter du versuchst, ins Schwarze zu treffen.

Man kann daraus geradezu einen Lehrsatz formulieren: Die Erfolgswahrscheinlichkeit wächst proportional zur Zahl der Versuche.

Spaß an der Herausforderung,
Kreativität der Ideen und
Hartnäckigkeit des Probierens
– das sind drei Grundvoraussetzungen.

Spaß an der Herausforderung, Kreativität der Ideen und Hartnäckigkeit des Probierens – das sind drei Grundvoraussetzungen, damit das Leben gelingt. Das ist auch die beste Garantie, wirklich echten Spaß am Leben zu haben. Aber eben nicht den billigen Tingeltangel-Spaß, den manche unter Spaß verstehen, sondern die tiefe Freude und Genugtuung, auf dem Weg zu sein, ein Könner zu werden, der sein Leben gekonnt meistert.

Herzlichst
dein M. S.

Die Quintessenz

1. Am Anfang vieler erfolgreicher Lebensläufe standen oft Schwierigkeiten, Handikaps, Probleme und Mängel.
2. Probleme, Mängel und Schwierigkeiten kann man überkompensieren. Manche Menschen entwickeln da ihre größten Fähigkeiten, wo sie sich am meisten gestaut fühlen.
3. Eine starke Persönlichkeit wird nur der, der nicht erwartet, dass ihm andere seine Probleme lösen und seine Schwierigkeiten beseitigen – der Staat, die Gesellschaft, die Eltern –, sondern der es selbst anpackt.
4. Auch großen Genies ist ihre Lebensleistung nicht zugefallen. Auch hinter ihrer Lebensleistung standen Mühe, Arbeit, Rückschläge und vor allem Fleiß.
5. Wer noch wenig kann, muss öfter, ausdauernder und hartnäckiger probieren. Das ist ein statistisches Grundgesetz.

8. Brief

Die Schlüsselfähigkeit: Kommunikation

Wer die guten alten Verhaltensregeln für den Umgang mit Menschen untereinander »Sekundärtugenden« genannt hat, weiß ich nicht. Manche möchten sie lieber Primärtugenden nennen. Trotzdem ist der Begriff Sekundärtugenden berechtigt.

Ein Betrüger kann ein höflicher, freundlicher und zuverlässiger Mensch sein. Die so genannten »Weiße-Kragen-Täter« sind das meistens. Sekundärtugenden nennt man Tugenden wie Höflichkeit, Freundlichkeit und Zuverlässigkeit also deshalb, weil sie noch nichts über die Grundeinstellungen und die Ziele aussagen, für die sie eingesetzt werden, die das Primäre sind: ob man mit seinem kommunikativen Geschick Menschen aufs Kreuz legen oder ihnen Nutzen bieten will. Deshalb stehe ich dazu: Es sind sekundäre Tugenden. Ihr Wert erschließt sich erst mit dem Ziel, für das sie eingesetzt werden.

Aber nicht über sie zu verfügen, ist einfach dumm.

Es gibt junge Menschen, die glauben,
durch Ruppigkeit, Arroganz und Raubauzigkeit
mehr Beachtung zu finden.
Dahinter steckt ein Minderwertigkeitskomplex.

Es gibt junge Menschen, die glauben, durch Ruppigkeit, Arroganz und Raubauzigkeit mehr Beachtung zu finden. Sie glauben, das seien Merkmale einer starken Persönlichkeit. Psychologen sagen: Dahinter steckt nichts als ein großer Minderwertigkeitskomplex, den sie übertünchen wollen. Menschen, die wirklich selbstsicher sind, brauchen dies nicht. Und Menschen, die klug sind, wissen, dass die Sekundärtugenden die Grundlage jeder gekonnten Kommunikation sind.

Kommunikationsfähigkeit ist eine Schlüsselfähigkeit!

Der Unterschied zwischen
Leistungsfähigkeit und Erfolgsfähigkeit
liegt in der Kommunikationsfähigkeit.

Der Unterschied zwischen Leistungsfähigkeit und Erfolgsfähigkeit liegt in der Kommunikationsfähigkeit. Ein Mensch, der nur leistungsfähig ist und nicht kommunizieren kann, d. h. seine Leistung nicht »verkaufen« kann, erliegt leicht der Gefahr, dass andere, die besser kommunizieren können, seine Leistung als die ihre »verkaufen«. Das beginnt in der Schule und kann in der Firma weitergehen.

Wir leben in einer lauten Welt. Es wird heftig kommuniziert – auf allen Ebenen. In diesem Geschrei wird es immer schwieriger, dass Leistung sich von selbst kommuniziert und durchsetzt.

Nun gibt es zwei Grundtypen im Kommunikationsvermögen: die »Introvertierten« und die »Extrovertierten«.

Introvertierte Menschen sind diejenigen, denen die Fähigkeit zu kommunizieren nicht bei der Geburt zugefallen ist. Sie sind eher in sich gekehrt. Sie leben nach innen, also introvertiert. Die Kommunikation mit anderen fällt ihnen schwer. Sie kann ihnen auch lästig sein. Es sind die Stillen im Lande, die eben nicht »auf jeder Hochzeit tanzen« und nicht überall auf der Welt vermeintliche Freunde haben.

Dann gibt es die »Extrovertierten«, die Kontaktstarken, die von sich aus auf andere Menschen zugehen und die halbe Welt zu ihren Freunden erklären. Es sind jene, denen das Kommunizieren sehr leicht fällt.

Aber diese Aussagen sind noch sehr vordergründig. Sie stimmen nicht ganz. Denn auch die Introvertierten haben ein Kommunikationsvermögen, nur eben ein ganz anderes. Sie können z. B. besser zuhören. Sie sind sensibler. Sie können sich auf andere Menschen viel besser einstellen. Nur: Sie müssen erkennen, wo diese ihre Stärke liegt und müssen sie pflegen und gekonnt einsetzen.

»Extrovertierte« können sich auch kommunikative Widerstände aufbauen. Sie können lästig werden. »Introvertierten« kann es passieren, dass sie unterschätzt werden – von den Eltern, von den Lehrern, von den Chefs. Sie »verkaufen« sich nicht so gut. Extrovertierte werden manchmal überschätzt. Sie können auch Blender sein, weil sie um jede Idee, die sie haben, einen Riesenwirbel machen.

Kann man an seiner Natur etwas ändern oder gilt:
So ist es halt?
Man kann etwas ändern!

Wenn du erkannt hast, wie wichtig es ist, dein Kommunikationsvermögen auszubauen, stellt sich eine sehr grundsätzliche Frage: Kann man an seiner Natur etwas ändern oder gilt: So ist es halt?

Man kann etwas ändern!

Es gibt ein wunderschönes kleines Gedicht von Johann Wolfgang von Goethe: »Natur und Kunst«. Als Schüler musste ich es auswendig lernen. Damals habe ich nicht begriffen, was es sollte. Heute bin ich meinem Deutschlehrer höchst dankbar, dass er uns gezwiebelt hat, gerade dieses Gedicht zu lernen, denn es enthält eine fundamentale Weisheit. Deshalb will es dir hier ganz zitieren:

Natur und Kunst sie scheinen sich zu fliehen,
Und haben sich, eh man es denkt, gefunden;
Der Widerwille ist auch mir verschwunden,
Und beide scheinen gleich mich anzuziehen.

Es gilt wohl nur ein redliches Bemühen!
Und wenn wir erst, in abgemeßnen Stunden,
Mit Geist und Fleiß uns an die Kunst gebunden,
Mag frei Natur im Herzen wieder glühen.

So ist's mit aller Bildung auch beschaffen:
Vergebens werden ungebundne Geister
Nach der Vollendung reiner Höhe streben.

Wer Großes will, muss sich zusammenraffen;
In der Beschränkung zeigt sich erst der Meister,
Und das Gesetz nur kann uns Freiheit geben.

Deine »Natur«, das ist das, was dir angeboren ist. Das, was das Leben dir schon bei der Geburt mitgegeben hat. »Kunst« ist das, was du dazulernen kannst. Aber das musst du tun »in abgemeßnen Stunden mit Geist und Fleiß«. Da musst du dich also plagen, musst Zeit dafür opfern. Das erst rundet deine Persönlichkeit ab. Wenn diese Lernphase vorbei ist und sich das Gelernte ganz mit deiner Natur verbunden hat, erst dann bist du eine starke Persönlichkeit. »Natur und Kunst« – beides gehört also zusammen und schafft eine starke Persönlichkeit.

Das möchte ich allen, die sich für introvertiert halten, ins Stammbuch schreiben. Den Extrovertierten allerdings auch.

Ich kenne introvertierte Menschen,
die ihr Kommunikationsvermögen gepflegt haben,
große Kommunikatoren geworden sind und damit
im Leben hervorragend zurechtkamen.

Die Introvertierten gewinnen, wenn sie sich bewusst »mit Geist und Fleiß« um kommunikative Fähigkeiten bemühen. Die Extrovertierten gewinnen, wenn sie sich ebenfalls bewusst »mit Geist und Fleiß« bemühen, manchmal ihren Schnabel zu halten, ruhiger zu werden, besser zuzuhören und zu lernen, sich sensibler in die Gefühle von anderen Menschen hineinzudenken.

Auch hier kann man also Handicaps überkompensieren.

Ich kenne introvertierte Menschen, die ihr Kommunikationsvermögen bewusst gepflegt haben, große Kommunikatoren geworden sind und damit im Leben hervorragend zurechtkamen. Was sollte man also entwickeln, um sein Kommunikationsvermögen zu pflegen?

1. Genau jene Sekundärtugenden, über die wir sprachen: Höflichkeit, Freundlichkeit, Zuverlässigkeit, Dienstbereitschaft. Es ist noch nicht einmal eine Frage der Moral, sondern der Klugheit. Höfliches Verhalten macht sehr vieles leichter. Es öffnet Türen. Man gewinnt dadurch die Achtung und Aufmerksamkeit von Menschen und Sympathie und Vertrauen.

2. Die Verhaltensforscher sagen, wir hätten es im kommunikativen Prozess immer mit einem dreifachen Menschen zu tun. Wenn zwei Menschen sich begegnen, findet zuerst einmal ganz tief im Stammhirn eine schnelle Bewertung statt: Freund oder Feind? »Kannst du mit dem?« oder »Vorsicht vor dem!« Ich kann also einem anderen Menschen körpersprachliche Signale setzen, dass ich ihm freundlich gesonnen bin.

So banal das jetzt klingt: Wenn ich mit einem freundlichen Lächeln auf andere Menschen zugehe, ist schon sehr viel kommunikative Kraft gewonnen. In London machte ein Institut einen Versuch: Es wurden Testpersonen auf die Straße geschickt, die auf dem Bürgersteig mit wildfremden Menschen Augenkontakt aufnahmen und sie anlächelten. Dann wurde registriert, was passierte. Wie viel Prozent der Angelächelten blieben Londoner Morgenmuffel, und wie viele lächelten zurück?

Das Ergebnis war verblüffend: Von zehn Menschen, die angelächelt wurden, strahlten neun zurück. Als man sie ansprach, zeigte sich: Es war ihnen noch nicht einmal bewusst geworden.

Die Verhaltensforscher sagen: Rudelwesen – und der Mensch ist ein Rudelwesen – haben im Gruppenverhalten das tiefe Bedürfnis entwickelt, beachtet zu werden, Geltung zu gewinnen und anerkannt zu werden. Deshalb ist es eine große kommunikative Fähigkeit, Menschen Beachtung zu schenken, Anerkennung zu geben und sie wichtig zu nehmen.

3. Wir Menschen haben in der Evolution die Wortsprache entwickelt. Damit können wir Argumente weitergeben, um andere Menschen von unseren Ideen zu überzeugen. Aber es ist ein Denkfehler zu glauben, dass Überzeugungen nur durch Argumente weitergegeben werden. Argumente sind nur der rationale Teil der Kommunikation.

Um erfolgreich zu kommunizieren, muss man auch die anderen Signale setzen können. Das Signal der Freundlichkeit »Ich will mit dir kooperieren« und die Signale »Ich nehme dich wichtig, ich erkenne dich so an, wie du bist«. Die cleversten Argumente allein genügen nicht. Hier liegt die große Weisheit jenes Zitates aus dem Paulusbrief: »Wenn ich mit Menschen- und mit Engelszungen reden könnte und hätte die Liebe nicht, so wäre ich ein tönendes Erz und eine klingende Schelle.«

Oder wie Goethe es gesagt hat: »Wenn ihr's nicht fühlt, ihr werdet's nie erjagen, wenn es nicht aus der Seele dringt und mit urkräftigem Behagen die Herzen aller Hörer zwingt.«

Du siehst, es gibt uralte Weisheiten, die von klugen Menschen immer wieder gesagt wurden, wenn auch mit anderen Worten. Und das sind jene Ur-Weisheiten, von denen man am meisten lernen kann.

4. Dann gehören zum Kommunikationsvermögen jene Fähigkeiten, die ich dir schon in dem Brief über das »Handwerk« geschildert habe. Es ist ganz entscheidend wichtig, Rhetorik und Verhandlungskunst zu lernen. Es ist ganz entscheidend wichtig, die Fähigkeit zu gewinnen, gute Briefe zu schreiben, einen Sachverhalt schriftlich, präzise, kompakt darzustellen und optisch aufzubereiten.

5. Die hohe Schule der Kommunikation aber ist: Verkaufen zu lernen und sich mit Marketing zu beschäftigen – auch wenn du später im Leben nicht im Marketing oder im Verkauf arbeiten möchtest. Ich kann dir nur raten, wenn du Gelegenheit hast, einmal im Verkauf oder in einer Werbeabteilung zu arbeiten, dann nutze das. Es ist höchst nützlich in allen Berufen. Auch der Techniker, der Künstler, der Arzt – alle müssen im Leben immer irgendwo »etwas verkaufen« –, und wenn es ihre Überzeugungen und ihre Ideen sind. Verkauf und Marketing sind nun einmal die hohe Schule der Kommunikation.

Aber glaube bitte nicht, da ginge es darum, Menschen »etwas anzudrehen«: Es geht darum, Menschen ehrlichen Nutzen zu bieten, ihnen zu helfen, Probleme zu lösen und Wünsche zu erfüllen. Aber auch das muss verkauft werden. Jeder, der später eine Führungsposition anstrebt, muss die Fähigkeit haben, auch seine Mitarbeiter von seinen Ideen zu überzeugen. Auch das ist ein »Verkaufsprozess«.

Um es noch einmal deutlich zu sagen: Große Kommunikatoren waren auch oft große Verführer. Die schlimmsten Beispiele sind Hitler und Goebbels. Sie hatten ungeheure Kommunikationstalente, sonst wäre es ihnen nicht gelungen, ein 80-Millionen-Volk so ins Unglück zu führen.

Das zeigt auch, dass Kommunikationsvermögen wirklich nur eine »Sekundärtugend« ist und dass man bei aller

Kommunikation immer die kritischen Fragen stellen muss: Was ist die Botschaft, die kommuniziert wird? Bietet sie Nutzen? Fördert sie Gedeihen? Oder führt sie ins Verderben?

Eine schöne Mail bekam ich einmal nach einem zweitägigen Kurs zum Thema »Selbstmanagement«, den ich mit Studenten einer deutschen Universität durchgeführt hatte. Ein Student schrieb mir, er wolle sich besonders bedanken, weil er bei diesem Kurs erkannt habe, dass der entscheidende Punkt für sein persönliches Lebenskonzept darin läge, seine Kommunikationsfähigkeit zu erhöhen. Er war ein introvertierter Mensch. Das habe er bisher nicht so wichtig genommen.

Herzlichst
dein M. S.

Die Quintessenz

1. Wer nur leistungsfähig ist, aber diese Leistung schlecht »verkaufen« kann, erliegt leicht der Gefahr, von denen ausgenutzt zu werden, die »verkaufen« können.
2. Deshalb ist die Kommunikationsfähigkeit eine Schlüsselfähigkeit schlechthin, um im Leben erfolgreich zu sein.
3. Den eher Introvertierten fällt Kommunikation schwerer als den Extrovertierten. Aber auch Kommunikation kann man lernen – mit brennendem Interesse und »in abgemeßnen Stunden mit Geist und Fleiß«.
4. Jedes gute Kommunikationsvermögen beginnt mit den ganz einfachen Tugenden: Höflichkeit, Freundlichkeit, Zuverlässigkeit, Dienstbereitschaft. Es ist keine Frage der Moral, sondern der Klugheit, sie anzuwenden. Es öffnet Türen.
5. Kommunikation findet auf drei Ebenen statt: erstens der emotionalen Ebene der Sympathiegewinnung durch Freundlichkeit; zweitens Mit der Fähigkeit, anderen Menschen Achtung, Geltung und Anerkennung zu geben; und drittens der Rationalität der Argumente – die Stärke der Argumente liegt in ihrem Nutzen für den anderen.

9. Brief

Alles hat seinen Preis: Der Umgang mit dem Geld

Als der italienische Mönch Luca Pacioli vor mehr als 500 Jahren die doppelte Buchhaltung erfand, war das nicht nur eine wichtige Methode, das Vermögen eines Unternehmens und seine Geldströme zu messen. Ohne diese Erfindung wäre die Entwicklung unserer Wirtschaft nicht denkbar gewesen. In der doppelten Buchhaltung steckt auch eine erhebliche philosophische Weisheit: die Idee der Soll- und Habenbuchung.

Viele reden darüber, wie wichtig es sei,
die ökologischen Ressourcen zu schonen.
Aber es gibt auch ökonomische Ressourcen,
und über sie wird zu wenig geredet.

Da mache ich mir heute große Sorgen. Viele junge Menschen reden darüber, wie wichtig es sei, die ökologischen Ressourcen zu schonen und zu schützen. Das ist auch richtig so, denn sie sind die Lebensgrundlage zukünftiger Generationen.

Aber es gibt auch ökonomische Ressourcen, und über sie wird zu wenig geredet. Die Politik macht es uns ja vor. Der Staat hat sich gnadenlos verschuldet. Jedes Kind, das heute in Deutschland auf die Welt kommt, erbt schon am Tag seiner Geburt einen Schuldenberg von einigen tausend Euro.

Können wir alle nicht mehr mit Geld umgehen?

Wenn man in der Zeitung liest, dass es Schüler gibt, die

sich für ihr Handy schon mit einigen hundert Euro verschuldet haben und bei ihren Eltern betteln müssen, damit diese die Schulden bezahlen, dann graust es mir.

Geld ist eigentlich eine ziemlich verrückte und auch gefährliche Erfindung: Da gibt es ein paar Metallplättchen und ein paar Papierschnipsel, schön bunt bedruckt, die an sich kaum etwas wert sind. An ihnen hängt aber das Recht, für sie etwas kaufen zu können. Dann gibt es noch die Banken, die Kredite geben. Kredit, das ist Geld, das man gar nicht hat und das einem gar nicht gehört, für das man aber einkaufen kann – manchmal auf Teufel komm raus und manchmal auch jeden Unsinn.

Es gibt die schöne Anekdote von Henry Ford. Er war ein höchst sparsamer Mensch, ein Bauernjunge, der zunächst einmal für seinen Vater auf dem Bauernhof eine erste klobige Maschine baute, eine Art Traktor. Er war es von zu Hause aus gewohnt, dass man jeden Pfennig umdrehen musste. Wenn er zum Friseur ging, bezahlte er dem Friseur den Haarschnitt, gab aber nie einen Pfennig Trinkgeld. Auch nicht, als er schon Millionär war.

Sein Sohn hatte denselben Friseur. Der aber gab üppiges Trinkgeld. Irgendwann einmal »steckte« der Friseur dem Vater das mit dem Trinkgeld des Sohnes. Henry Ford gab ihm die Antwort: »Der kann sich das auch leisten. Der hat einen reichen Vater.«

Diese Anekdote erzählte ich vor einigen Jahren einmal beiläufig bei einem Beratungsgespräch dem Senior-Unternehmer. Er bat mich: »Wir gehen nachher gemeinsam zum Mittagessen. Mein Sohn kommt dazu. Ich habe die herzliche Bitte an Sie – aber verraten Sie mich nicht: Erzählen Sie diese Geschichte bei Tisch. Mein Sohn hat das gleiche Problem. Aber da geht es nicht ums Trinkgeld beim Friseur, da geht es um die Faxen an seinem Auto, um unbesonnene Einkäufe fürs Unternehmen. Er kann einfach nicht mit Geld umgehen. Das macht mir erhebliche Sorgen.«

Den Eltern von heute möchte ich sagen: Lehrt eure Kinder den Umgang mit Geld. Bringt ihnen bei, dass Geld nicht einfach so vom Konto kommt und dass ein Kredit auch verzinst und zurückgezahlt werden muss. Lehrt sie, dass Geld und Besitz letztlich immer nur Lohn für Leistung sind und dass es auch noch so etwas wie Kosten gibt, bei denen man aufpassen muss, dass man sie so niedrig wie möglich hält.

Den Eltern von heute möchte ich sagen:
Lehrt euere Kinder den Umgang mit Geld.
Bringt ihnen bei,
dass Geld nicht einfach so vom Konto kommt.

Da muss ich etwas sehr Persönliches berichten: Unsere Kinder bekamen nie Taschengeld. Es war abgemacht, dass normale Handreichungen im Haushalt nicht honoriert würden, dass es aber bestimmte Aufgaben und Projekte »ums Haus herum« gab, die sie übernehmen konnten und die nach einem Stundentarif bezahlt werden, z. B. Laubfegen oder Schneeschippen.

Immer, wenn im Fernsehen über Tarifverhandlungen berichtet wurde, habe ich mit ihnen »Tarifverhandlungen« geführt. Sie drohten mir mit Streik. Ich drohte mit Aussperrung. Es war natürlich ein Spiel.

Meine Frau und ich sagten zu unseren Kindern: »Wir reden euch nicht hinein, was ihr mit eurem Geld macht. Es ist euer Geld. Das habt ihr verdient. Das geht uns nichts an. Aber wir bitten euch, eine Art Buchhaltung zu führen.« Beide bekamen ein kleines Heftchen. Da gab es eine Einnahmenseite und eine Ausgabenseite und einen Übertrag. Ich habe die Heftchen, in denen sie mit krakeliger Kinderschrift ihre Finanzen geregelt haben, heute noch.

Irgendwann hatte unsere Tochter den Wunsch, ein Musikinstrument zu kaufen, das sie zu dieser Zeit mit ihren

Einnahmen nicht finanzieren konnte. Sie fragte mich, ob ich ihr helfen könnte. Meine Antwort lautete: »Ja, zu banküblichen Zinsen.« Sie hatte aber – vermutlich durch Beratung ihrer Mutter – herausbekommen, dass es bei den Banken einen Unterschied zwischen Soll- und Haben-Zinsen gibt und sagte zu mir: »Wenn du dein Geld auf die Bank bringst, bekommst du von der Bank nicht so viel, als du zahlen musst, wenn dir die Bank etwas leiht.« Sie hat mich dann auf den Guthaben-Zinssatz heruntergehandelt.

Auf diese Weise haben unsere Kinder gelernt, mit Geld umzugehen. Sie sind heute erwachsen. Sie können das gut.

Ich kann dir nur den guten Rat geben: Lege dir auch privat eine Art Buchführung an – ob es eine Einnahmen-Ausgaben-Rechnung oder eine doppelte Buchführung ist, mit der du deine Vermögensstände kontrollieren kannst.

Darin sehe ich die lebensphilosophische Bedeutung
der doppelten Buchhaltung:
Für jede Habenbuchung
muss man eine Sollbuchung machen.

Viele Menschen wollen heute die Habenbuchung machen, aber nicht die Sollbuchung. Das lässt das Leben auf Dauer nicht mit sich machen. Es schlägt zurück. Darin sehe ich die lebensphilosophische Bedeutung der doppelten Buchführung: Für jede Habenbuchung muss man eine Sollbuchung machen.

Wer über seine Verhältnisse lebt, kann das nur auf Kosten anderer oder auf Kosten der nächsten Generation. Dieses ökonomische Gesetz ist nicht zu umgehen.

Welchen Beruf du auch ausübst: Du wirst immer auch eine Kostenverantwortung haben. Das gilt heute für den Schreinermeister oder für den Leiter eines Gymnasiums ebenso wie für den Arzt in der Klinik und für den Museumsdirektor. Sie alle kommen um das ökonomische Gesetz nicht herum. Sie alle produzieren mit dem, was sie tun, auch Kosten. Irgendwann müssen alle Rechenschaft geben an ihre Verwaltung: »Mit welchen Kosten betreibst du deine Arbeit?« »Hast du den kostengünstigsten Weg zur Erreichung dieses Zieles gefunden?«

In der Wirtschaft wurde das Instrument des Controllings erfunden. Immer mehr Bereiche werden als »Cost-Centers« und »Profit-Centers« organisiert. Damit wächst die Kosten- und die Ertragsverantwortung. Es muss sauber gerechnet werden.

Bei allen geistigen Höhenflügen
vergiss bitte nicht die ökonomische Seite.
Zum Schluss muss es sich auch rechnen.

Ich habe z. B. bei einem großen deutschen Konzern mitgeholfen, eine Forschungsabteilung als Profit-Center zu organisieren. Die Forscher mussten ab einem bestimmtem Stichtag innerhalb des Konzerns ihre Forschungsergebnisse gegen Honorarrechnung verkaufen. Sie hatten keinen festen Forschungsetat mehr. Zuerst schimpften sie: »Das geht doch nicht!« Dann nahmen sie sich der Sache an und hatten schon bald das wunderbare Erlebnis, dass es funktionierte. Das gab ihnen das Selbstbewusstsein: »Wir können jetzt nachweisen, dass wir hier in diesem Unternehmen unser Geld verdienen.«

Deshalb: Bei allen geistigen Höhenflügen und allen verwegenen Ideen, die du hast, um dein Leben zu entfalten (und ich bin immer für Fantasie und Kreativität zu haben) – vergiss bitte nicht die ökonomische Seite. Zum Schluss muss es sich auch rechnen.

Herzlichst
dein M. S.

92

Die Quintessenz

1. Geld gehört nun einmal zu den wichtigsten Ressourcen unserer modernen Welt. Deshalb ist der Umgang mit Geld eine ganz entscheidende Schlüsselfähigkeit.
2. Die Methode der doppelten Buchführung beinhaltet auch eine wichtige philosophische Botschaft. Für jede Soll-Buchung muss man eine Haben-Buchung machen, oder man lebt auf Kosten von anderen oder einer nächsten Generation.
3. Welchen Beruf man auch ausübt: Man hat neben der Leistungsverantwortung auch immer eine Kostenverantwortung. Das gilt nicht nur für die Ökonomen, sondern auch für Handwerker, Ärzte und Kulturschaffende.
4. Alle müssen sich immer wieder die Fragen stellen: Mit welchen Kosten wird diese Leistung erreicht? Und hätte es einen kostengünstigeren Weg zur Erreichung des gleichen Zieles gegeben?
5. Jeder junge Mensch sollte sich seine Buchhaltung anlegen. Sei es eine einfache Einnahmen-Ausgaben-Rechnung oder eine doppelte Buchführung, über die er auch seine Vermögensentwicklung kontrollieren kann.

10. Brief

Alles hat seine Stunde:
Der Umgang mit der Zeit

Die Sprache ist entlarvend: Sie sagt, man könne die Zeit »vertreiben«. Sie sagt, man könne die Zeit »totschlagen«. Aber ich denke, die Zeit ist ein höchst wertvolles Gut. Wenn sie so wertvoll ist, warum soll ich sie dann totschlagen? Warum soll ich sie vertreiben?

> *Zeit ist ein höchst wertvolles Gut.*
> *Wenn sie so wertvoll ist,*
> *warum soll ich sie dann totschlagen?*

Man kann aber auch Zeit nutzen und das Zeithaben genießen. Es ist eine hohe Kunst, mit der Zeit richtig umzugehen. Diese Kunst gehört dazu, wenn man sein Leben im Griff haben möchte.

Es gibt das Wort Zeitmanagement. Es ist in unseren Tagen fast ein Modewort geworden. Dazu gibt es Bücher, Seminare, Vorträge. Ich mag das Wort nicht. Mir ist das Wort Zeitkultur lieber.

Zum Thema Umgang mit der Zeit findest du eine uralte Weisheit im Alten Testament der Bibel. Es ist eine der schönsten Stellen überhaupt: »Alles hat seine Stunde. Für jedes Geschehen unter dem Himmel gibt es eine bestimmte Zeit: … eine Zeit zum Pflanzen und eine Zeit zum Ernten, eine Zeit zum Weinen und eine Zeit zum Lachen … eine Zeit zum Schweigen und eine Zeit zum Reden.« Ich möchte ergänzen: Es gibt eine Zeit zum Arbeiten und eine Zeit zum Ruhen und eine Zeit zum Genießen.

Jeder, der die Kunst beherrscht, sein Leben zu meistern, sollte auch die Kunst beherrschen, seine Zeit zu ordnen.

Es gibt in der Weltliteratur noch eine zweite wunderbare Stelle, in der es um den Umgang mit der Zeit geht. Das ist bei Saint-Exupéry im »Kleinen Prinzen«. Der kleine Prinz unterhält sich mit dem Fuchs:

>»Es wäre besser gewesen, du wärst zur selben Stunde wiedergekommen«, sagte der Fuchs. »Wenn du zum Beispiel um vier Uhr nachmittags kommst, kann ich um drei Uhr anfangen, glücklich zu sein. Je mehr die Zeit vergeht, umso glücklicher werde ich mich fühlen … Wenn du aber irgendwann kommst, kann ich nie wissen, wann mein Herz da sein soll … Es muss feste Bräuche geben.«

>»Was heißt ›fester Brauch‹?«, sagte der kleine Prinz.

>»Auch etwas in Vergessenheit Geratenes«, sagte der Fuchs. »Es ist das, was einen Tag vom andern unterscheidet, eine Stunde von den andern Stunden. Es gibt zum Beispiel einen Brauch bei meinen Jägern. Sie tanzen am Donnerstag mit den Mädchen des Dorfes. Daher ist der Donnerstag der wunderbare Tag. Ich gehe bis zum Weinberg spazieren. Wenn die Jäger irgendwann einmal zum Tanze gingen, wären die Tage alle gleich und ich hätte niemals Ferien.«

Ich halte viel von festen Bräuchen und von dem Gedanken »Alles hat seine Stunde«. Denn dadurch schafft man sich Stunden, in denen man konzentriert arbeiten kann und Stunden, in denen man genießen und erleben kann – ein beruhigender Rhythmus.

Wir werden oft von außen getrieben. Da wären wir wieder bei dem Reiz-Reaktions-Schema. Wir reagieren den ganzen Tag. Da kommt etwas auf uns zu: ein Telefongespräch, eine Mail, ein Besuch. Und abends wundern wir uns dann, dass der ganze Tag verplempert worden ist und wir keine Zeit hatten, konzentriert zu arbeiten oder etwas in Ruhe zu genießen. Vielleicht lassen wir uns manchmal auch gerne ablenken.

Ich halte viel
von festen Bräuchen und dem Gedanken
»Alles hat seine Stunde«.

Es gibt die Geschichte von dem amerikanischen Konzern-chef, der mit seiner Zeitplanung Probleme hatte und sich von morgens bis abends gejagt fühlte. Er fragte seinen Un-ternehmensberater, ob er einen Rat für ihn hätte. Der sag-te: »Schreiben Sie sich morgens die fünf wichtigsten Auf-gaben des Tages, die Sie erledigen wollen, auf einen Ta-gesplan und dies in der Reihenfolge ihrer Wichtigkeit. Dann fangen Sie mit der ersten Aufgabe an und haken sie ab, wenn Sie sie erledigt haben. Wenn Sie nicht alle fünf schaffen, ist das nicht schlimm. Dann übertragen Sie die restlichen auf den nächsten Tag.«

Der Boss fragte ihn, welches Honorar er für diesen Rat haben wollte. Der Berater meinte: »Das sage ich Ihnen jetzt nicht. Arbeiten Sie drei Wochen mit dieser Idee, und dann überweisen Sie mir den Betrag, den Sie für diese Idee für angemessen halten.« Der Konzernchef überwies ihm nach drei Wochen 25 000 Dollar.

Du wirst sagen: So viel Geld für einen solch banalen Rat? Aber ich kann dir nur raten, diesen Rat sehr ernst zu nehmen. Du wirst irgendwann verstehen, wenn es zur Ge-wohnheit geworden ist, wie wertvoll dieser Rat war.

Es gibt heute Tagesplanbücher oder – vornehmer gesagt – Zeitmanagementbücher. Die bekommst du in jedem Kaufhaus. Es gibt Menschen, die sagen: Von so einem Buch lasse ich mich doch nicht versklaven. Sie haben dann Recht, wenn man das bürokratisch macht. Sie haben nicht Recht, wenn man ein Tagesplanbuch als Hilfsmittel benutzt, um morgens seinen Tag ein wenig vorzuordnen: Was will ich denn heute erledigen?

Der Tag eines jeden Menschen hat zwei Komponenten: Die Eigenzeit, die ich selbst bestimmen und gestalten kann, und die fremdbestimmte Zeit für Aufgaben, die mir von außen aufgedrängt werden. Das geht uns allen so. Das könnte man nur ändern, wenn man Einsiedler würde.

Aber weil das so ist, ist es umso wichtiger, dass nicht der ganze Tag »außengesteuert« ist, sondern dass man ein eigenes Zeitkonzept entwickelt und die Gewohnheit, sich »geschützte Zeiten« zu schaffen, an denen man an seinen eigenen Ideen, seinen eigenen Projekten, seinen eigenen Aufgaben konzentriert arbeiten kann. Wenn man sich die Zeit ordnet und ihr einen Rhythmus gibt.

Der Zeitrhythmus ist in unserer Natur angelegt: von den vier Jahreszeiten bis zum Herzschlag. Jeder von uns hat seine biologische Uhr. Und wenn man in Harmonie mit dieser biologischen Uhr sein Leben gestaltet, lebt man gekonnter und glücklicher.

Im ersten Brief habe ich dir den Gedanken des Philosophen Ernst Bloch geschildert – den Gedanken von den »zwei Glücken«: Das Glück der wilden, verwegenen Jagd, also das Glück des Arbeitens, der Mühe, der »abgemessenen Stunden, in denen wir uns mit »Geist und Fleiß« – wie Goethe es beschrieben hat – unseren Aufgaben widmen und das Glück des Genießens, das wir uns dann aber auch aus voller Seele und mit bestem Gewissen leisten können.

Der Zeitrhythmus ist in unserer Natur angelegt:
von den vier Jahreszeiten bis zum Herzschlag.

Einer der übelsten Begriffe, den unsere Zeit geprägt hat, ist der Begriff vom Arbeitsessen. Das ist Unkultur hoch zehn. Entweder esse ich oder arbeite ich.

Ich habe einmal im Bordrestaurant eines ICE-Zuges ein

ungeheures »Genie« erlebt. Es war der Gast am Nachbartisch. Er hatte einen Salatteller vor sich, den er herunterschlang. Vor dem Salatteller stand ein Laptop, auf dessen Tasten er herumhämmerte, und am Ohr hatte er ein Handy. Die Hand am Laptop wechselte zwischen Gabel und Tastatur. Ich muss gestehen: Für diesen »Arbeitsstil« habe ich nicht die Bohne von Verständnis, sogar abgrundtiefe Verachtung.

Wann hast du zum letzten Mal
einen Sonnenuntergang aus voller Seele erlebt?

Glaube mir: Die großen souveränen Könner, die ich in meiner Arbeit erlebt habe, waren auch große Könner im Umgang mit der Zeit. Sie konnten hochkonzentriert arbeiten, wussten aber auch, wann es Zeit war, sich zu entspannen, Ruhe zu haben und Schönes zu genießen.

Übrigens: Wann hast du zum letzten Mal einen Sonnenuntergang aus voller Seele erlebt?

Herzlichst
dein M. S.

Die Quintessenz

1. Auch die Zeit ist eine beschränkte Ressource. Es gibt das Wort Zeit-Management. Schöner ist es, eine persönliche »Zeitkultur« zu entwickeln.
2. Ein wunderbares Ordnungsprinzip ist der Zeitrhythmus: »Alles hat seine Stunde« oder »Es muss feste Bräuche geben«. Das schafft Ruhe, Konsequenz, gibt dem Leben Stil.
3. Wir werden alle von außen getrieben und müssen reagieren. Wer nur reagiert, ist ein Nur-Getriebener und verliert jede persönliche Souveränität.
4. Zeitsouverän wird man dann, wenn man sich auch eine »Quintessenz des Tages« schafft, also bis zu fünf Aufgaben notiert, die man aus eigenem Antrieb erledigen will. Dazu braucht man geschützte Eigenzeiten.
5. Es gibt das Glück der Arbeit und das Glück des Genießens. Es gibt die Zeit zum Leisten und die Zeit, etwas aus voller Seele zu erleben. Lebenskunst ist Zeitkultur. Sie beginnt dann, wenn man in beiden Lebensbereichen ein großer Könner werden möchte.

11. Brief

Die Frage nach dem Sinn: Was soll das Ganze?

Es gibt noch eine Frage, die ich mit dir besprechen möchte: Die Frage nach dem Sinn. Was soll das Ganze? Wie bedeutsam ist diese Frage für deine Persönlichkeitsentwicklung? Gibt es darauf überhaupt eine Antwort?

Zu dieser Frage gibt es mehrere Verhaltensweisen.

Du kannst sagen: »Die Frage stellt sich mir nicht. Ich lebe mein Leben. Ich will Erfolg haben. Ich will es genießen können. Was das Ganze soll, kann mir ohnehin niemand überzeugend beantworten. Warum soll ich dann darüber nachdenken?«

Es kann aber auch sein, dass du eine religiöse Überzeugung hast. Die Offenbarungsreligionen geben zu dieser großen Frage ihre Antworten. Glaube bleibt letztlich eine persönliche Entscheidung, die jeder Mensch für sich fällen muss und die einem niemand abnehmen kann.

Es kann aber auch sein, dass du noch eine Antwort suchst. Welche Antworten kann es da geben?

In den Naturwissenschaften gab es in den 50er Jahren des vergangenen Jahrhunderts Wissenschaftler, die meinten, nachdem es das Atommodell gab und die Darwinsche Evolutionstheorie: Jetzt brauchen wir keinen Gott mehr. Wir können alles erklären.

Es war vor allem der französische Wissenschaftler und Nobelpreisträger Jacques Monod, der zu dem Schluss kam: Die Entstehung des Lebens und die Entstehung des Menschen, das wäre ein ziemlich sinnloses Zufallsgeschehen. Der Mensch wird genauso sinnlos, wie er entstanden ist, untergehen. Monod hat dies in dem deprimierenden Satz zusammengefasst: »Da muss der Mensch endlich aus seinem tausendjährigen Traum erwachen und seine totale Verlassenheit, seine radikale Fremdheit erkennen. Er weiß nun, dass er seinen Platz wie ein Zigeuner am Rande des Universums hat, das für seine Musik taub ist und gleichgültig gegen seine Hoffnungen, Leiden und Verbrechen.«

Ich habe einmal mit dem Chefredakteur einer der größten deutschen Naturzeitschriften, der sich in einem Aufsatz der Meinung von Monod angeschlossen hatte, über diese Frage korrespondiert. Ich fragte ihn, wie man denn, wenn man von dieser Grundannahme ausgeht, überhaupt noch mit Überzeugung leben und in seiner Arbeit einen Sinn finden kann. Er antwortete mir mit dem lapidaren Satz: »Machen wir das Beste daraus.« Der Satz hat mich sehr enttäuscht.

Heute wächst bei vielen Naturwissenschaftlern die Überzeugung, dass das Spiel des Lebens ein großes Spiel mit einer großen Idee ist.

Heute wächst auch bei vielen Naturwissenschaftlern die Überzeugung, dass das Spiel des Lebens ein großes Spiel mit einer großen Idee ist. Dazu gibt es einige Signale.

1. Das Rätsel des Urknalls. Wieso konnte aus dem Nichts etwas entstehen? Es musste ein »Werdewille« da sein. Auch der Philosoph Heidegger hatte sich ja schon die Frage gestellt: »Wieso ist nicht Nichts?«

2. Früher meinte man, die Materie sei voll erklärbar. Bei den Versuchen mit den großen Teilchenbeschleunigern, z. B. in Genf, wird es immer geheimnisvoller. In riesigen Apparaturen tief unter der Erde zerdeppern die Wissenschaftler Teilchen, um herauszubekommen: Was steckt dahinter? Sie kommen immer mehr zu dem Schluss, wie wichtig dabei »Information« ist. Das Rätsel wird grö-

ßer, wie Materie entstehen konnte. Nicht mehr der Geist ist erklärungsbedürftig, wie man früher glaubte, sondern die Materie. Information ist Geist. Es gibt ja schon den Begriff vom »masselosen Infoteilchen«. Es trägt die Strukturinformation, dass etwas werden soll und wie es strukturiert sein soll.

3. Dann gibt es das Rätsel der »Naturkonstanten«. Man kann den Werdeprozess schon Sekunden nach dem Urknall heute ganz gut erklären. Man hat erforscht, durch welche Urteilchen und Urkräfte sich aus Energie die Materie gebildet hat. Man kennt das periodische System der Elemente. Man kann die Entstehung der Arten nach der Evolutionstheorie schlüssig erklären.

Aber dieses große Spiel des Entstehens der Materie und des Lebens basiert auf einigen wenigen »Naturkonstanten«, z. B. der Lichtgeschwindigkeit, der Planck'schen Konstante, der Hubble-Konstante und noch einigen anderen. Die sind einmal gesetzt worden und haben sich in der Evolution nicht verändert. Wir kennen das Programm. Das Programm ist höchst raffiniert. Aber wer war der Programmierer?

4. Es gibt eine seltsame Asymmetrie, die niemand erklären kann. Man glaubte einmal, man könne das Werden des Seins aus dem Nichts etwa so erklären, wie du das im Mathematikunterricht gelernt hast: +1 und −1 ergibt Null. Man hat also geglaubt, man könne das Sein in Materie und Antimaterie aufspalten, die sich gegenseitig aufheben, wenn sie wieder zusammenfallen. Auch das funktioniert nicht. Es gibt nämlich einen unerklärlichen Überhang der Materie. Anders gesagt: Es sollte etwas werden.

Der amerikanische Nobelpreisträger Leon Lederman, der diese Asymmetrie entdeckte, schilderte in seinem Buch »Das schöpferische Teilchen« die Tage, als ihm diese Asymmetrie, dieses Ungleichgewicht dämmerte, mit dem Satz: »Wie wir an einem Wochenende die Parität verletzten ... und Gott entdeckten.«

5. Auch das mit dem reinen Zufallsspiel kann nicht stimmen. Da gibt es nämlich auch eine »Asymmetrie der Zufälle«. Rein statistisch gesehen, hätten die Zufälle, dass etwas werden konnte und die Zufälle, dass etwas zerstört würde, sich die Waage halten müssen. Dann wäre nichts geworden. Wenn ich mit gleicher Wahrscheinlichkeit einen Schritt vor gehe und einen Schritt zurück, komme ich nie vom Fleck.

Aber das Sein und das Leben sind ungeheuer vom Fleck gekommen. Ein anderer Nobelpreisträger, Max Delbrück, hat die Frage gestellt: »Haben wir eigentlich herausgefunden, warum mehr geliefert als bestellt worden ist?«

Ich weiß, das alles sind keine Beweise, aber da scheint eine wachsende Plausibilität auf, dass das Leben ein großes Spiel spielt, das einen Ursprung, einen Sinn und ein Ziel hat – auch wenn wir diesen Sinn zumindest naturwissenschaftlich heute noch nicht beweisen können.

Max Delbrück:
»Haben wir eigentlich herausgefunden,
warum mehr geliefert als bestellt worden ist?«

Albert Einstein, einer der klügsten Menschen des vergangenen Jahrhunderts, wenn nicht sogar der ganzen Menschheitsgeschichte, schrieb einem jungen Mädchen, das ihn in einem Brief nach seinem Glauben gefragt hatte: »... erfüllt aber die Wissenschaft jeden, der sich ernsthaft mit ihr befasst, mit der Überzeugung, dass sich in der Gesetzmäßigkeit der Welt ein dem Menschlichen ungeheuer überlegener Geist manifestiere, dem gegenüber wir mit unseren bescheidenen Kräften demütig zurückstehen müssen.«

Du wirst natürlich fragen: Was hat das alles mit meinem Leben und der Gestaltung meines Lebenskonzeptes zu tun? Sehr viel! Jede Persönlichkeit hat drei Ebenen, die ihre Persönlichkeit ausmachen: Werte – Wissen – Wirken. Jede Persönlichkeit hat Grundvorstellungen, Wertorientierungen, ein Wertesystem, die ihr Handeln bewusst oder unbewusst beeinflussen. Wo man seine Werte sieht, sammelt man sein Wissen. Und dort wirkt man auch.

Jede Persönlichkeit hat drei Ebenen,
die ihre Persönlichkeit ausmachen:
Werte – Wissen – Wirken.

Die Grundvorstellungen, das Wertesystem, die persönliche Antwort auf die Sinnfrage wirken prägend auf eine Persönlichkeit. Die stärksten Persönlichkeiten, die ich in meinem Leben kennen gelernt habe, haben an einen Sinn geglaubt. Das war die Grundlage ihrer Leistung und die Basis ihrer Verantwortung.

Wenn du einen Sinn im großen Spiel des Lebens siehst, was folgert denn daraus für dein persönliches Lebenskonzept?

Zunächst einmal das, was der Arzt und Philosoph Albert Schweitzer so formuliert hat: »Die Ehrfurcht vor dem Leben«.

Aber das kann man noch weiter führen. Die Evolutionsforscher sagen zwar: Aus dem naturwissenschaftlich beobachteten Spiel der Evolution mit Variation und Selektion kann man kein Ziel erkennen.

Wer jedoch unvoreingenommen das große Spiel des Lebens beobachtet, kann das Ergebnis erkennen, das bisher erreicht worden ist: Das Leben hat sich in einer ungeheuren Vielfalt und Fülle entfaltet.

Ich habe daraus als Grundformel meines Denkens den Satz gebildet: Der Kern des Lebens ist das Gedeihen in

Vielfalt und Fülle. Wenn ich dieses Gedeihen des Lebens in Vielfalt und Fülle fördere, handele ich richtig. Dieses Gedeihen des Lebens in Vielfalt und Fülle ist der höchste Wert, den ich erkennen kann.

Der Kern des Lebens ist das Gedeihen in Vielfalt und Fülle. Wenn ich dieses Gedeihen des Lebens in Vielfalt und Fülle fördere, handele ich richtig.

Aus diesem Grundwert lassen sich sieben Basiswerte ableiten, die nach meiner Erfahrung die Werte einer starken Persönlichkeit sind:

1. Wert: Verantwortung
Das ist die Eigenverantwortung, sein Leben selbst in die Hand zu nehmen und nicht darauf zu warten, dass andere – z. B. der Staat – sich um die Existenz kümmern. Und die Bereitschaft, Verantwortung zu übernehmen in einer Aufgabe, die der eigenen Begabung entspricht und das Gedeihen des Lebens fördert.

2. Wert: Herausforderungen kreativ meistern
Das Leben stellt Herausforderungen. Sie zu lösen, braucht ein Mensch, ein Unternehmen und eine Gesellschaft Kreativität. Nicht sagen: »Es geht nicht!«, sondern sich fragen: »Wie packen wir es an?«

3. Wert: Kommunikation
Das Leben ist kommunikativ. Es konnte nur gedeihen, indem es Informationen aufnimmt und weitergibt. Die Kommunikationsfähigkeit liegt zunächst in Stil und Form mit den uralten einfachen Tugenden: Freundlichkeit, Höflichkeit, Verlässlichkeit und in der Fähigkeit, Ideen zu kommunizieren und Menschen für die eigenen Ideen zu gewinnen.

4. Wert: Kooperation
Das Leben kann nur kooperativ gedeihen durch Zwei-Gewinner-Spiele verantwortungsbewusster Menschen, die mit fairen Spielregeln zusammenarbeiten.

5. Wert: Das Schwache schützen
Die Fülle und Vielfalt des Lebens konnte sich nur entwickeln, weil die Schwachen und die Minderheiten, das Werdenwollende Entwicklungschancen hatten. Alle Anfänge sind schwach. Es geht darum, mitzuhelfen, dass sie sich entfalten können.

6. Wert: Die Ressourcen schonen
Das sind die ökologischen der Natur, aber auch die ökonomischen des Geldes und die Ressource Zeit. Eine starke Persönlichkeit geht verantwortungsvoll mit Ressourcen um und weiß um ihre Knappheit.

7. Wert: Ahnung von und Achtung vor Ursprung, Sinn und Ziel des Seins
Starke Persönlichkeiten ahnen die Größe der Schöpfung und haben Achtung vor dem großen Spiel des Lebens. Sie wissen, dass sie in diesem großen Spiel eine Verantwortung haben.

Daran sollte man also sein Tun und seine Ideen messen: Dienen sie dem Gedeihen des Lebens in Vielfalt und Fülle? Konkret geschieht das durch Nutzenbieten, über das wir gesprochen haben: dadurch, dass ich die mir persönlich vom Leben mitgegebene Begabung entfalte und für das Gedeihen des Lebens wirksam werden lasse.

In dem Begriff der Vielfalt steckt der Wert der Toleranz – auch der Toleranz für das Schwache, für die Minderheit, für das, was sich noch entfalten will. Wenn das Leben nicht diese Toleranz gehabt hätte, wären diese Fülle und

Vielfalt nie entstanden. An dem Beispiel siehst du wieder, wie idiotisch die Aussage »Der Stärkste überlebt« ist. Die Welt wird doch nicht beherrscht von dem großen, starken, stacheligen, giftigen, kakifarbigen Stinktier, wie der amerikanische Autor Stephan Lackner in seinem Buch »Die friedfertige Natur« schrieb.

Auch hierzu möchte ich den Philosophen Karl Raimund Popper zitieren, der den gleichen Gedanken anders formulierte. Er schrieb: »Wir sind mit Ideen auf der Suche nach einer besseren Welt.« Das Leben hat auf Dauer – zugegeben, manchmal hat es sehr lange gedauert – alle Ideen falsifiziert, d. h. als falsch erkannt, die nicht auf der Suche auf einer besseren Welt waren.

Wie viele Ideen, Menschen und Systeme sind zu gewissen Zeiten hochgejubelt worden. Wer hätte gedacht, dass Hitler, als er im Herbst 1941 auf der Höhe seiner Macht war und ganz Europa beherrschte, sich vier Jahre später in einem armseligen Bunkerkämmerchen in Berlin erschießen musste.

Wer hätte gedacht, dass das kommunistische System, das weder im Denken noch im Handeln Vielfalt zulassen wollte, so sang- und klanglos in sich zusammenfallen würde. Seine Ideen hatten zeitweise fast die halbe Welt beherrscht.

Wer mit seinen Ideen auf der Suche nach einer besseren Welt ist, dient dem Gedeihen des Lebens in seiner Fülle und Vielfalt am stärksten.

Wer also mit seinen Ideen auf der Suche nach einer besseren Welt ist, dient dem Gedeihen des Lebens in seiner Fülle und Vielfalt am stärksten. Denn die bessere Welt ist eine Welt des Gedeihens der Vielfalt und der Fülle.

Dieser Gedanke gibt dem persönlichen Leben eine letzte große Stärke und unterscheidet wirklich starke Persönlichkeiten von dem kleinkarierten Macher, der mit billigem Egoismus seinen Erfolg sucht.

Aber auch das ist noch nicht einmal eine Frage der Moral, sondern der Klugheit. Es ist einfach klüger, das Gedeihen zu fördern, statt es zu stören oder zu zerstören. Denn es dient auch dem eigenen Gedeihen.

Herzlichst
dein M. S.

Die Quintessenz

1. Hinter allem Berufserfolg und hinter aller Lebenskunst steht immer die große Sinnfrage. Es gehört zur Persönlichkeit, sich ihr zu stellen.
2. Die großen Weltreligionen geben zu dieser Sinnfrage ihre jeweils eigenen Antworten. Zu welcher man steht, ist eine ganz persönliche Glaubensentscheidung, die einem niemand abnehmen kann.
3. Die Evolutionstheorie hat naturwissenschaftlich begründete Erklärungen, wie das Sein und das Leben in dieser ungeheuren Vielfalt und Fülle gedeihen konnte, die jeder sehen und erleben kann, der das große Spiel der Natur mit Interesse betrachtet.
4. Daraus ergibt sich kein Beweis, aber eine hohe Plausibilität, dass dieses große Spiel des Seins und des Lebens kein Zufallsspiel ist.
5. Wenn man von dieser Grundannahme ausgeht, folgt daraus, dass jeder Mensch eine ganz persönliche Verantwortung hat, dem großen Sinn des Lebens zu dienen und sein Gedeihen in Vielfalt und Fülle zu fördern. Das macht jede Persönlichkeit authentisch und stark über die vordergründigen Erfolge ihres Lebens hinaus.

12. Brief

Das persönliche Entfaltungskonzept

Ich muss noch einmal einen Gedanken aufgreifen, über den ich dir schon geschrieben habe: Du kannst dein Leben von Augenblick zu Augenblick leben, nach Lust und Laune, aber dann wirst du immer ein Getriebener sein. Du lebst dann nicht dein eigenes Leben, sondern das Leben, wie es andere von dir erwarten und haben wollen. Du reagierst immer nur und agierst nicht selbst. Das ist jenes Reiz-Reaktionsschema, das die Biologen für die primitivste aller Verhaltensformen halten und das auch jede Amöbe beherrscht.

Allerdings brauchen wir alle dieses Reiz-Reaktions-Schema irgendwann und irgendwie. Aber das allein sollte nicht unser Leben beherrschen.

Man kann und sollte es durch ein persönliches Konzept ergänzen: ein Entwicklungs- und Entfaltungskonzept.

Was ist ein Konzept? Das Wort kommt aus dem Lateinischen, von concipere, etwas zusammenfassen. Du kennst den Begriff »Rezept«. Ein Rezept ist etwas Zurückgefasstes. Es ist der Kuchen, den schon einmal jemand so gebacken hat und von dem man dann weiß, wie er herauskommt, wenn man es genauso macht: »Man nehme 200 Gramm Mehl, Butter, Zucker ...«.

Ein Rezept ist ein »geschlossenes Programm«. Ein Konzept ist ein »offenes Programm«. Wenn man ein Rezept anwendet, weiß man, was herauskommt. Bei einem Konzept weiß man das nicht immer. Dafür ist ein Rezept aber auch nicht anpassungsfähig und nicht kreativ. Vor allem ist es nicht flexibel. Und das ist für das Leben oft notwendig.

Es ist sicher kein Zufall, dass das Wort »conception«, Empfängnis, vom selben Wortstamm abgeleitet worden ist wie das Wort »Konzept«. Bei der Befruchtung im Mutterleib entsteht das Konzept eines Kindes. Unsere Gen-Ausstattung ist ein Konzept, bei dem einiges schon festgelegt ist: der Körperbau, die Haarfarbe, welches Gesicht wir erben werden und auch unsere angeborene Begabung. Aber was wir da erben, ist in gewissen Spielräumen entfalt- und gestaltbar.

Die Biologen sprechen von Genotyp und Phänotyp. Sie sagen: Der Genotyp bestimmt den Phänotyp. Der Genotyp ist das Konzept einer Pflanze, eines Tieres und eines Menschen. Der Phänotyp ist die sichtbare Struktur.

In einer Nuss, die ich in die Erde lege, ist das Konzept eines Nussbaumes. Damit ist die Grundstruktur festgelegt, aber das System ist offen. Je nachdem, wo der Nussbaum steht, entwickelt er seine Äste, um zum Licht zu kommen. Seine Wurzeln wachsen so, dass sie die notwendigen Mineralstoffe und die notwendige Feuchtigkeit finden. Es ist nicht festgelegt, wie sich die einzelnen Wurzeln in eine Spalte zwischen zwei Steinen drängen werden, weil die Nuss, die Nussbaum werden soll, noch nicht weiß, wie die Steine später liegen werden.

Es gibt eine Konzept-Methode
und ein Instrument, wie man sich ein persönliches
Entfaltungskonzept anlegt.

Ein Konzept ist also nicht mit einem Bauplan zu vergleichen, wie der Architekt ihn zeichnet und bei dem genau festgelegt ist, wohin die Türen und Fenster kommen und wie groß sie sind. Es ist auch nicht mit dem Bauplan einer Maschine zu verwechseln, bei dem genau berechenbar ist, wie die Maschine nachher aussehen wird und wie sie funktionieren soll.

Es gibt eine Konzept-Methode und ein Instrument, wie man sich ein persönliches Entfaltungskonzept anlegt. In den Führungs-Konzept-Klausuren, die 1993 begründet wurden, erarbeiten die Manager mit dieser Methode ihr persönliches Führungs-Konzept.

Das Instrument ist ein Ringbuch mit Registern, in dem in Entwicklungsebenen und Entwicklungsfeldern die Wertvorstellungen aufgeschrieben werden, wie sich das Unternehmen entwickeln sollte, und die Ideen dazu, um das zu erreichen. Das verdichtet sich zu Entwicklungsschritten, die in einem Prioritätenplan münden: Was sollte in welcher Reihenfolge geschehen?

Ich möchte dir empfehlen, dir ein solches persönliches Entfaltungskonzept-Buch anzulegen.

Der Philosoph Karl Raimund Popper, den ich schon mehrmals zitiert habe, sagt: Wir leben in drei Welten. Welt 1, das ist die Welt der Realität. Das, was wir sehen und anpacken können: die Welt um uns herum.

Welt 2 ist die Welt in unserem Kopf, in der sich entscheidet, wie wir das, was wir sehen und anpacken können, empfinden und was wir darüber denken. Dieselbe Tatsache in der Welt da draußen beurteilt der eine so und der andere so. Oder es löst bei dem einen jene Gefühle aus und bei dem anderen völlig andere. Was der eine als Herausforderung und Chance begreift, ist für den anderen vielleicht ein unlösbares Problem.

Aber es gibt noch eine Welt 3, die wir uns selber schaffen können. Das ist die Welt unserer Ideen und Aufzeichnungen, wie wir die Welt gestalten wollen. So sind alle Kunstwerke entstanden.

Beethoven und Mozart hatten ihre Klaviere oder ihre Flügel, mit denen jemand, der nicht musikalisch ist, überhaupt nichts anfangen kann. Sie konnten etwas damit anfangen. Es entstanden Melodien in ihrem Köpfen, Opern, Sinfonien, die sie auf dem Klavier zum Klingen brachten. Das war ihre Welt 2.

Aber damit waren sie nicht zufrieden. Sie schrieben sie in Notenschrift auf, legten Partituren an, mit denen unsere Orchester und unsere Dirigenten heute ihre unsterblichen Werke nachspielen können. Das war die Welt 3, die sie geschaffen haben – die Welt der Aufzeichnungen.

Schreibe deine Ideen, deine Wünsche,
deine Pläne, deine Träume auf
und strukturiere diese Welt 3
in deinem persönlichen Entfaltungskonzept.

Das kannst du übertragen. Die Fakten da draußen, deine Lehrstelle, dein Betrieb, deine Schule, dein Elternhaus, das ist die Welt 1. Wie du dazu stehst, wie du das empfindest, was du darüber denkst in deinem Kopf, das ist die Welt 2. Du kannst damit zufrieden sein oder nicht.

Ich rate dir, schaffe dir auch noch eine Welt 3. Schreibe deine Ideen, deine Wünsche, deine Pläne, auch deine Träume auf und strukturiere dir diese deine persönliche Welt 3 in deinem persönlichen Entfaltungskonzept.

Alles Leben entfaltet sich in einer Wertelandschaft, in der die Ideen, Konzepte und Strukturen, die man sich aufbaut, bewertet werden. Jeder Mensch hat seine persönliche Wertelandschaft. Für die meisten Menschen ist sie ziemlich unbewusst, manchmal chaotisch. Und so ist dann auch oft ihr Leben.

Aber es gibt Menschen, die ihre Wertelandschaft sehr klar sehen. Manchmal haben sie sie sich sogar aufgezeichnet. Das kann man in einem Konzeptbuch tun. Die Wertelandschaft gliedert sich in Wertebenen. Und in jeder Wertebene gibt es Wertfelder, in die man Ideen sammelt und sät. Das bringt Ordnung in ein Lebenskonzept.

Damit du dir das besser vorstellen kannst, schildere ich dir hier den Aufbau eines solchen persönlichen Entfaltungskonzeptes in zwölf Stufen.

1. Deine Wünsche, Ziele, Träume

Was stellst du dir vor, was aus dir werden könnte? Wage zu träumen, auch wenn das heute noch ziemlich unrealistisch klingt. Von den Wünschen geht die stärkste Motivation aus.

2. Deine Begabungen und deine Interessen

Denke an den Satz: »Die Hälfte aller Begabung ist brennendes Interesse.« Im Umkehrschluss heißt das: Mit den Interessen verdoppelst du deine Begabungen. Begabung ist das, was dir von Natur aus mitgegeben worden ist, und Interessen sind das, was du am liebsten tun möchtest.

Es ist zu Anfang nicht ganz einfach, das realistisch einzuschätzen. Aber das macht nichts. Notiere es dir einfach einmal. Ein Konzept ist ein offenes System. Daran kann man immer weiterarbeiten. Das spitzt sich zu.

3. Die zentrale Leistungsidee

Deine Träume und Wünsche kannst du nur durch deine Leistungen erfüllen. Die Leistung ist immer da am stärksten, wo sie den Begabungen und Interessen entspricht.

Die Leistung ist da am stärksten,
wo sie den Begabungen und Interessen entspricht.

Die Begabungen und Interessen werden sich mit der Zeit konzentrieren. Sie konzentrieren sich in einer »Zentralen Leistungsidee«. Das kann z. B. sein, dass du ein großer Könner im Verkauf werden willst oder einmal in Eigenverantwortung ein Team, eine Abteilung, eine Firma führen möchtest. Oder: Du willst Flugzeuge bauen, wie der junge

Mensch, über den ich dir berichtet habe. Oder: Du willst das Konzept für einen ökologisch und ökonomisch vernünftigen Forstbetrieb entwickeln.

Die »Zentrale Leistungsidee« ist das, was man in einem Unternehmen die »Kernkompetenz« nennt. Die zentrale Leistungsidee des berühmten Autopioniers Wilhelm Maybach war ganz einfach und ganz klar: »Ich will das beste Auto der Welt bauen!«

Wage es also ruhig, einen Alleinstellungsanspruch in dem Punkt zu formulieren, in dem du so gut werden möchtest, dass du eine Sonderstellung gewinnst und dich von niemandem überbieten lassen willst. Worin also willst du »Spitze« sein?

4. Deine Lern-, Leistungs- und Lebensfelder

Diese solltest du in vier Unterbereiche aufteilen. In einem Unternehmen nennt man dies das »Leistungs- oder Produkt-Portfolio«.

4.1 Die notwendigen »Leistungen«

Das sind die Fächer in der Schule, die man einfach für das Examen braucht. Das sind die Leistungen im Betrieb, die man einfach beherrschen muss. Das Leben besteht aus Pflicht und Kür. Nicht alles macht Spaß. Aber es muss geleistet werden. Wenn man das begriffen hat und sich gerade in diese Bereiche voll hineinhängt, erlebt man oft, dass man mit wachsendem Können auch wachsende Freude daran hat.

4.2 Deine Lieblingsfelder

Das sind die Lieblingsfächer in der Schule und beim Studium, die Lieblingsfachgebiete in der Lehre und die Leistungen, die man im Betrieb gerne macht, weil man hier seine persönlichen Begabungen und Interessen stärker ausleben kann. Und das macht Spaß.

4.3 Deine Optionsfelder

Das sind die Entwicklungsfelder, in denen man einmal lernen und leisten möchte. Sie sind im Augenblick noch nicht akut, aber man möchte sie sich gerne erschließen. Da das Konzept ein offenes System ist, sind auch Optionsfelder offen. Optionen sind zunächst einmal immer nur Möglichkeiten für spätere Lebensstrategien. Ein Optionsfeld ist zunächst einmal Brachland. Wenn man es zu beackern beginnt und die Saat seiner Ideen hineinstreut, beginnt man hier von selbst zu lernen. Irgendwann geht die Saat auf, und man fährt üppige Ernten ein.

Ich habe einmal einen jungen Menschen erlebt, der, weil er mit einem Fach überhaupt nicht zurecht kam, eine panische Angst davor hatte, sein Examen nicht zu bestehen. Das hat ihn so verkrampft, dass es für ihn immer schwieriger wurde, vernünftig zu lernen – gerade in diesem Fach. Nachdem er sich aber einmal durchdacht hatte, welche Möglichkeiten er noch hätte, wenn er dieses Examen nicht bestehen würde, war die Verkrampfung weg. Er hat sein Examen bestanden.

Das Leben ist kein Spiel auf alles oder nichts.
Es ist ein Spiel der Möglichkeiten. Manchmal sind
Umwege im Leben höchst interessant.

Es ist immer lebensklug, sich Optionsfelder voraus zu denken für den Fall, dass etwas, was man vorhat, nicht gelingt. Es ist der »Plan B«, den man sich hier aufbaut. Das Leben ist eben kein Spiel auf alles oder nichts. Es ist ein Spiel der Möglichkeiten. Manchmal sind Umwege im Leben höchst interessant.

4.4 Deine Spielfelder

Das sind jene Felder, die nicht unbedingt existenziell notwendig sind. Es sind die Felder des Erlebens, des Genießens, der Liebhabereien, der Hobbys, des persönlichen Lebensstils. Sie sind in diesem Sinne zunächst noch nicht einmal Lern- oder Leistungsfelder. Es sind eher Lebensfelder. Allerdings: Manch einer hat auf der Suche nach seiner zentralen Leistungsidee in einer seiner Liebhabereien die Kernidee seines Lebens gefunden und wurde da sehr erfolgreich.

Es gibt einen Möbelkaufmann, dessen Hobby Aquaristik war. Seine großen Aquarien mit exotischen Fischen waren erst einmal reine Liebhaberei. Irgendwann verkaufte er sein Möbelhaus und eröffnete ein großes Zoofachgeschäft, das höchst erfolgreich läuft. Er ist ein glücklicher Mensch. Aus dem »Spielfeld« ist ein Leistungs- und Arbeitsfeld geworden.

5. Die Kommunikation

Den wichtigsten Satz hierzu möchte ich noch einmal wiederholen: Ob man erfolgsfähig für das Leben wird, hängt nicht nur von der Leistungsfähigkeit ab, sondern in starkem Maße von der Kommunikationsfähigkeit. Ich muss meine Ideen auch »verkaufen« können.

Hier kommt es auf diese Fähigkeiten an:

- Menschen für sich zu gewinnen durch den persönlichen Umgangsstil: die Sekundärtugenden, über die wir sprachen.
- Mit Menschen kooperieren können. Zwei-Gewinner-Spiele suchen. Denke an das Axelrod-Experiment.
- Gruppen von Menschen von den eigenen Ideen überzeugen können. Rhetorik und Teamarbeit beherrschen und einsetzen.
- Seine Ideen schriftlich darstellen können. Protokolle führen, um zu lernen, das Wesentliche vom Unwesentlichen zu unterscheiden. Gute Briefe schreiben können – und die anderen Fähigkeiten, über die wir gesprochen haben.

6. Die persönliche Arbeitsmethode: das Handwerk
Das Verfahren also, wie man ein Problem löst, eine Aufgabe anpackt.
- Präzisieren, was erreicht werden soll: das Leistungsziel und das Ergebnisziel
- Kreativität: die Fähigkeit, Ideen zu gewinnen, die Methode des Brainstormings
- Ideen richtig zu strukturieren und in klaren Arbeitsschritten den Weg zum Ziel aufzuzeichnen: erstens, zweitens, drittens ...
- Verantwortung übernehmen für ein konkretes Ergebnis: Bis wann ist was erreicht?

7. Der Umgang mit Geld
- Wie erreiche ich ein Ziel auf dem günstigsten Kostenwege?
- Überblick über die Einnahmen und Ausgaben schaffen.
- Überblick über die persönliche Besitz- und Vermögensentwicklung schaffen.

8. Der Umgang mit der Zeit
- Der Zeitrhythmus des Tageslaufes: Wann mache ich was?
- Die geschützte Eigenzeit, in der man nicht nur reaktiv lebt, sondern seine eigenen Ideen und Projekte entwickelt und konzentriert lernt.
- Die Zeitvorausschau: Bis wann will ich was erreichen? Leistungsziele an Termine binden. Monatsaufgaben. Jahresziele.

9. Entwicklungsprojekte, die sich aus diesem Konzept ergeben
Auch hier ist es zunächst eine unstrukturierte Ideenliste (Brainstorming). Durch welche Projekte könnte ich mein persönliches Lern-, Leistungs- und Lebenskonzept jetzt am

besten weiterentwickeln? Da werden eine Fülle von Ideen entstehen, und dann kommt bei dir schnell die Frage: Wo fange ich denn jetzt an? Es wäre aber absolut falsch, an allen Ecken und Enden drehen zu wollen. Es müssen sich Prioritäten bilden. Um die richtigen Prioritäten zu finden, gibt es zwei Kriterien:

– Wo ist ein Problem oder sogar das »brennendste« Problem, das du zunächst nach dem Motto »Alles Leben ist Problemlösen« anpacken solltest: eine Gefahr, eine Schwierigkeit, eine Notwendigkeit. Wenn und wo das Haus brennt, muss man erst einmal löschen. Da betreibt man sonst leicht »Vogel-Strauß-Politik«. Es nicht wahrhaben wollen und den Kopf in den Sand stecken – das geht nicht.

– Wo liegen die größten nächsten Chancen? Wenn ich jetzt daran arbeite, bringt mir das am schnellsten etwas. Manchmal sind es Türen, die sich plötzlich auftun, Chancen, die man, wenn sie sich bieten, packen muss. Wenn du einen starren Plan hättest, ein geschlossenes System, dann könntest du an den Chancen vorbeigehen, weil sie nicht in deinem Plan vorgesehen sind. Aber ein Konzept öffnet dich für Chancen. Wenn du ein Konzept hast, dann hast du auch die Ideen, die Chance zu nutzen. Sie sind vorgedacht.

10. Das Prioritätenprojekt Nr. 1, das zuerst anzupacken ist
Hier kann man die Methodik lernen, wie man aus einer Idee Realität werden lässt:

– Das Ziel präzise formulieren.
– Ideen entwickeln, wie das Ziel erreicht werden könnte (Brainstorming).
– Ideen beurteilen: Welche sind interessant und realistisch? Welche nicht?
– Die guten Ideen zu einem Schritt-für-Schritt-Plan verdichten. In welcher Reihenfolge packt man das an?

- In den einzelnen Schritten immer wieder kreativ werden mit Ideen: Wie kann man das noch besser machen? Auch ein solches Projektkonzept ist ein offenes System und kein starrer Plan. Wo muss ich mit dem »Prinzip der permanenten Selbstkorrektur« (auch das eine Idee des Philosophen Karl Raimund Popper) weiterarbeiten?
- Sich über Ergebnisse freuen und Erfolge aus voller Seele genießen: »Das habe ich geschafft!«

11. Prioritäten-Projekt Nr. 2
Was wäre die zweite wichtigste Aufgabe?

12. Prioritäten-Projekt Nr. 3
Was die dritte?

Warum schreiben wir immer nur Vergangenes auf und sammeln es, wenn wir z. B. Tagebuch führen oder uns Briefe von Freunden weglegen oder Erinnerungen der großen Reisen? Das ist alles rückwärts gewandt. Das sind schöne Erinnerungen, und es ist sicher richtig, dies aufzubewahren und sich ein kleines persönliches Archiv zu schaffen.

Aber was ich dir hier vorschlage, ist etwas der Zukunft Zugewandtes: deine Entwicklungsideen und -möglichkeiten aufzuschreiben und ihnen eine Ordnung und ein Konzept zu geben. Das Instrument dazu ist ein Ringbuch mit zwölf Registerabteilungen für die zwölf geschilderten Stufen.

Ich möchte dich nur herzlich bitten: Begreife die Anlage und Pflege dieses Konzeptbuches nicht als bürokratischen Prozess, sondern mache das spielerisch und locker. Notiere dir frisch, fröhlich Ideen, allerdings geordnet in dem Konzeptbuch, dann wird das ein wunderbares Entfaltungsinstrument.

Ein solches persönliches Konzeptbuch ist – zugegeben –

zunächst etwas Künstliches. Aber auch hier gilt Goethes Ratschlag aus seinem Gedicht »Natur und Kunst«: »Und wenn wir erst in abgemeßnen Stunden mit Geist und Fleiß uns an die Kunst gebunden, mag frei Natur im Herzen wieder glühen.«

Die Wertebenen mit ihren Feldern, die du anlegst, sind die Wertebenen deiner Wertelandschaft, die du dir in deinem Leben erwandern und erschließen möchtest.

Nach dem Vortrag 1997 in der Musikhochschule in Lübeck, bei dem ich den Gedanken der persönlichen Wertelandschaft zum ersten Mal öffentlich vorgetragen habe, sagte mir hinterher eine Dame: »Ich setze mich noch heute Nachmittag hin, nehme mir einen großen Bogen Papier und zeichne mir einmal meine persönliche Wertelandschaft auf.«

Mit den Ideen, die du in diese Wertelandschaft hinein säst, ist es wie mit Samen: Einige Körner gehen auf, andere nicht. Es kommt auch zu einem Wettbewerb der Ideen: Einige werden mit der Zeit andere überwuchern. Ideen können auch absterben und eingehen. Das ist ein natürlicher Prozess. Du betreibst mit diesem Konzeptbuch eine persönliche Wunschpflege, die deinem Leben eine ganz andere Basis gibt und deinem persönlichen Entfaltungsprozess Richtung und Kraft. Das verspreche ich dir.

Hier will ich noch einmal den Philosophen Karl Raimund Popper zitieren mit einem Text, in dem er über diese Welt 3 spricht: »So ziehen wir uns an unseren Haaren aus dem Sumpf des Unwissens; so werfen wir ein Seil in die Luft und steigen daran hoch – wenn es an irgendeinem noch so schwachen Zweiglein Halt findet. Der Unterschied zwischen unseren Bemühungen und denen eines Tieres oder einer Amöbe ist nur der, dass unser Seil in der Welt 3 Halt finden kann: einer Welt der Sprache, der Erkenntnis. Wenn ich recht habe mit der Vermutung, dass wir nur durch die Wechselwirkung mit der Welt 3 wachsen und zu einem Selbst werden, dann ist der Gedanke tröstlich, dass wir alle zu dieser Welt beitragen können ...«

Popper schreibt dann weiter, dieser Gedanke sei besonders tröstlich für jemanden, der glaube, in der Suche nach Ideen und um Ideen sein Glück gefunden zu haben. Also jene, die sich in ihrem Können und ihrem Geist weiterentwickeln wollen.

Dein persönliches Lebenskonzept wirkt wie ein Faden in einer gesättigten Lösung. Es bilden sich Kristalle. Dein Konzept saugt Wissen und Ideen auf, wie die Wurzeln des werdenden Nussbaums Mineralstoffe und Wasser und die Blätter Sonnenlicht aufsaugen, damit ein starker Baum daraus werden kann, der wertvolle Früchte trägt.

Ich hoffe sehr, dass die Lektüre dieses Büchleins dich unruhig und neugierig gemacht hat: neugierig auf das große Abenteuer deines Leben und den wunderbaren Werdeprozess, zu dem ich dir alles Gute wünsche.

Herzlichst
dein M. S.

Die Quintessenz

1. Alle Strukturen des Lebens haben ein Konzept. Ein Konzept ist die geordnete Zusammenfassung der Informationen, die die Struktur bestimmt.
2. Wer sich ein persönliches Lern-, Leistungs- und Lebenskonzept schafft, bringt Ordnung in seinen persönlichen Werdeprozess. Aus vielen Einzelideen bildet sich ein Konzept.
3. Damit schafft man sich neben der realen Welt, in der man lebt (Welt 1) und der Welt unserer Gefühle, unseres Erlebens, unserer Empfindungen in unserem Kopf (Welt 2) eine Welt 3 – die persönliche Wertelandschaft.
4. Das persönliche Konzept ist kein starrer Plan. Das Leben lässt sich letztlich nicht planen. Ein Konzept ist offen für Entwicklungen, für neue Ideen, für die Nutzung neuer Chancen. Und es ist die kluge Mitte zwischen der Möglichkeit, sich außengesteuert treiben zu lassen oder mit dem Kopf durch die Wand zu wollen.
5. Wenn man sich dieses Konzeptbuch mit einer durchdachten Gliederung anlegt, wird daraus ein geistiges Werkzeug, ein konzeptionelles Instrument, in dem sich die Werdewünsche und die Entwicklungsideen sammeln und sich zu Projekten verdichten.

Die zwölf Stufen eines persönlichen Lern-, Leistungs- und Lebenskonzeptes

1. Meine Werde-Wünsche, Ziele und Träume

2. Meine Begabungen und meine Interessen

3. Meine zentrale Leistungsidee

4. Meine Lern-, Leistungs- und Lebensfelder
   4.1 Die notwendigen Leistungen
   4.2 Meine Lieblingsfelder
   4.3 Meine Optionsfelder
   4.4 Meine Spielfelder

5. Die Kommunikation

6. Die persönliche Arbeitsmethode: Das »Handwerk«

7. Der Umgang mit Geld

8. Der Umgang mit der Zeit

9. Meine Entwicklungsprojekte

10. Mein Prioritäten-Projekt Nr. 1

11. Mein Prioritäten-Projekt Nr. 2

12. Mein Prioritäten-Projekt Nr. 3

Buchempfehlungen

Es kann sein, dass es das eine oder andere Buch im Buchhandel nicht mehr gibt. Dann ist es aber ziemlich sicher über eines der Internet-Antiquariate erhältlich.

Praktisch-methodische Bücher

Gustav Grossman: Sich selbst rationalisieren. Lebenserfolg ist erlernbar. Ratio-Verlag, 435 Seiten.

Das Buch ist mittlerweile in der 28. Auflage erschienen – also ein Longseller, allerdings eher für Eingeweihte. Der Titel ist etwas irreführend, für manche abschreckend: »Sich selbst rationalisieren«. Der wirkliche Inhalt ist eine der besten Anleitungen, die es für gekonnte Arbeitstechnik gibt, z. B. wie man sich einen Plan anlegt, um seine Ziele zu realisieren. Alle Zeitplan-Systeme, die man heute kaufen kann, haben letztlich ihre Wurzel in diesem Buch.

Als Schüler habe ich mir durch Anregung dieses Buches meine erste Wissenskartei angelegt. Und ich halte mein Wissensarchiv bis heute für eines meiner wichtigsten Arbeits-Instrumente. Das Buch bietet aber noch mehr. Es ist nicht nur eine Anleitung, seine Arbeit besser zu organisieren. Es wird auch getragen von jener Nutzenbiet-Philosophie, über die wir in den Briefen gesprochen haben. Das Buch ist für einen jungen Menschen nicht billig. Trotzdem bin ich sicher, dass sich diese Investition für den lohnt, der

Hang und Liebe zur Methodik und zur guten Organisation seiner Arbeit hat. Wer eher spontan oder gar etwas chaotischer leben will, der wird dieses Buch nach wenigen Seiten in die Ecke werfen.

Dale Carnegie: Wie man Freunde gewinnt. Scherz-Verlag, 308 Seiten.

Das ist eines jener »How-to-Bücher«, jener Ratgeberbücher, über die manche Menschen die Nase rümpfen. Jungen Menschen, die aber begriffen haben, wie wichtig die Fähigkeit ist, kommunizieren zu können, möchte ich dieses Buch empfehlen. Vor allem, wenn ihnen das Kommunikationsvermögen nicht zugefallen ist, weil sie sich eher zu den Introvertierten zählen. Es ist ein Weltbestseller, 1938 zum ersten Mal erschienen und seitdem über eine Milliarde Mal verkauft worden. Dieses Buch ist ein »Werkzeug-Buch«. Ein Werkzeug weiß nichts über die Ziele, für die es eingesetzt wird. Wenn man die sehr praxisnahen Anregungen dieses Buches dazu benutzt, um die Welt ein wenig besser zu machen, ist dieses Buch in Ordnung und empfehlenswert.

Dale Carnegie: Rede dich zum Erfolg. Heyne, 427 Seiten.

Durch dieses Buch allein lernt man noch nicht frei und fesselnd zu reden. Das lernt man nur durch Übung – entweder über Kurse oder indem man einfach jede Chance nutzt, z. B. in der Schule oder in Vereinen, etwas vorzutragen. Durch dieses Buch lernt man allerdings sehr gut die Methodik, sich auf eine Rede vorzubereiten, z. B. wie man Ideen sammelt, was eine gute Einleitung ist, damit man die Zuhörer sofort fesselt und wie man die Rede dramaturgisch gut strukturiert und einen packenden Schluss findet, der die Zuhörer begeistert entlässt. Wer in der Schule »Julius Cäsar« von Shakespeare gelesen hat und die Rede des Mark Anton, hat vielleicht eine Vorahnung davon bekommen, wie psychologisch geschickt man eine Rede aufbauen kann.

Edward de Bono: Das spielerische Denken. Warum Logik dumm machen kann, und wie man sich dagegen wehrt. Rowohlt, 121 Seiten.

Das ist ein schmales Büchlein über Kreativität. Es zeigt auf, dass man, um kreativ zu sein, oft ausgetretene Pfade verlassen muss. Hier wird geschildert, wie man lernt, viel spielerischer zu denken und Scheuklappen abzulegen.

In diesem Buch werden auch sehr konkrete Vorschläge gemacht, wie durch bewusstes Anwenden bestimmter Kreativitätstechniken Ideen gewonnen werden können und wie man die Enge der Logik durchbrechen kann, was manchmal notwendig ist. Edward de Bono ist einer der angesehensten internationalen Experten für Kreativitäts-Methoden.

Matthias Nöllke: Kreativitätstechniken. TaschenGuide. Haufe-Verlag, 126 Seiten.

Das ist ein sehr kompakter Überblick über die wichtigsten Kreativitätsmethoden, hervorragend gegliedert mit sehr konkreten Vorgehensplänen und Checklisten, wie man diese Kreativitätstechniken anwendet.

Charakteristisch für diese Serie TaschenGuide ist ihre äußerst kompakte Darstellungsform des heutigen Kenntnisstandes zum jeweiligen Thema.

Wolfgang Krüger: Teams führen. TaschenGuide. Haufe-Verlag, 126 Seiten.

Auch dieses Büchlein schildert die genaue Vorgehensweise, das Wesentliche durch klare Tabellen und Checklisten.

Die TaschenGuides des Haufe-Verlages sind sehr preiswert. Haufe-TaschenGuides gibt es auch zu den Themen Zeitmanagement, Moderation und Verhandeln.

Motivierende und begeisternde Bücher

Richard Bach. Die Möwe Jonathan. Ullstein, 87 Seiten.

Das ist ein ganz schmales Bändchen und erzählt eine einfache eindringliche Geschichte: den Lebensweg einer Möwe, die anders sein wollte als andere Möwen. Die nicht mit dem Mittelmaß zufrieden war. Die nicht immer nur zum Futterplatz fliegen wollte. Die Geschichte einer Möwe, die ein höheres Ziel erkennt, die dem Ruf folgt und den Sinn des Lebens findet, in dem Wunsch zu lernen, zu forschen und frei zu sein. Die mit Geduld und Ausdauer fliegen lernt wie keine andere Möwe. Ein höchst motivierendes Buch – und ein liebenswürdiges zugleich.

Pierre Teilhard de Chardin: Vom Glück des Daseins. Walter-Verlag, 79 Seiten.

Auch das ist ein ganz schmales Bändchen. Hier geht es nicht um das billige Glück: »I want to have fun«. Bei Teilhard de Chardin liegt das Glück in der Erfahrung des Mitwirkens am Werden, das dem menschlichen Dasein aufgegeben ist.

Das Glück, das Teilhard empfiehlt, ist nicht erjagbar.

Es ist erfahrbar in der Verwirklichung in einem Werk, in einem Tun, das einem Größeren gilt als sich selbst.

Teilhard de Chardin vergleicht das Leben mit einem Berg, vor dem der junge Mensch steht. Er kann drei Entscheidungen fällen: 1. Das ist mir zu mühsam. Da bleibe ich lieber gleich unten. 2. Ich wandere bis zu einer schönen Bergwiese und lasse mich da nieder. 3. Ich will zum Gipfel.

Lin Yutang: Die Weisheit des lächelnden Lebens. Insel, 510 Seiten.

Damit das Leben gelingt, dazu gehört eben nicht nur Berufserfolg und schon gar nicht nur Geld und Ehre oder Macht. Dazu gehört auch Glückstalent. Dazu kann man auch einiges lernen. Dieses Buch habe ich in einer Periode entdeckt, in der ich sehr im Stress war. Die Lektüre war eine Erlösung. In diesem Buch lernt man, die »kleinen Glücke des Alltags« wieder bewusst zu erleben. Da ist z. B. das Kapitel über 33 glückliche Augenblicke. Einer davon lautet: »Mit einem scharfen Messer an einem Sommernachmittag auf einem großen dunkelroten Teller in eine hellgrüne Wassermelone schneiden. Ist das vielleicht nicht Glück?« Oder: »Ich stoße das Fenster auf und sehe Schneeflocken wirbeln. Und der Schnee liegt schon drei oder vier Zoll hoch. Ist das vielleicht nicht Glück?«

Zu einem gekonnten Leben gehört eben auch das dazu: leben und genießen können. Ich habe immer Menschen sehr geschätzt, die beides konnten. Die großen Könner in ihrem Beruf waren. Die präzise und intelligent Probleme lösen konnten. Die aber auch das Talent hatten, das Schöne im Leben zu sehen, zu genießen und mit voller Seele auskosten zu können. Die Frage stelle ich dir hier noch einmal: »Wann hast du zum letzten Mal einen Sonnenuntergang bewusst erlebt?«

Karl Raimund Popper: Alle Menschen sind Philosophen. Piper, 281 Seiten.

Dieses Buch ist eine Zusammenstellung von zentralen Texten des 1994 verstorbenen großen Philosophen. Überraschend dabei ist, dass es Popper oft gelingt, über schwierige Fragen verständlich und einfach zu schreiben. Die Philosophie Karl Poppers kann man sehr lebenspraktisch in der eigenen Lebensgestaltung anwenden. Sie gibt aber auch höchst interessante Aspekte bei der Beurteilung gesellschaftlicher und politischer Prozesse. Junge Menschen, die sich mit Popper beschäftigen wollen, sollten sich dieses preiswerte Taschenbuch als erstes kaufen. Wer sich intensiv mit Popper beschäftigen möchte, dem sei das nächste Buch empfohlen.

Karl Raimund Popper: Ausgangspunkte. Meine intellektuelle Entwicklung. Piper, 380 Seiten.

Du hast sicher schon bemerkt, dass mein Lieblingsphilosoph Karl Raimund Popper heißt. Was fasziniert an seiner Philosophie? Dass sie von einigen wenigen, ganz einfachen Thesen ausgeht.

Wir sind mit Ideen auf der Suche nach einer besseren Welt. Und alle Ideen, die nicht auf der Suche nach einer besseren Welt sind, werden vom Leben früher oder später falsifiziert: als falsch erkannt. Das ist eine Philosophie, die drei Eigenschaften hat: Sie macht kreativ – ich muss Ideen haben. Sie macht aktiv – ich muss sie am Leben probieren. Sie macht bescheiden, weil ich nicht sagen kann: »Das ist richtig.« Nur das Leben gibt mir die Antwort: Wird die Welt mit meinen Ideen ein wenig besser oder nicht?

Aber auch bei Popper – wie meist bei Philosophen – sind diese ganz einfachen Ideen in vielen Büchern »vergraben«. Bei der Frage »Was soll ich jungen Menschen von Popper empfehlen?« kam ich auf das oben genannte Buch. In ihm schildert Popper seinen Werdegang. Der ist höchst interessant: Popper hat zuerst Schreiner gelernt. Einige »Weisheiten seines Meisters«, die dieser in der Werkstatt immer verkündete, haben ihn schon als Schreinerlehrling zum philosophischen Nachdenken gebracht.

Dadurch hat er es schließlich auf einen der angesehensten Philosophie-Lehrstühle der Welt geschafft – an der London School of Economics. In dem hier empfohlenen Buch schildert er mit vielen persönlichen Erlebnissen die Schritte seiner Erkenntnisse, aber auch die Schwierigkeiten und die Rückschläge, weil Verlage seine Manuskripte zunächst ablehnten. Heute ist er der meist zitierte Philosoph dieser Erde.

Johann Wolfgang von Goethe: Faust, Teil 1 und 2. Reclam.

Hoffentlich hattest du einen Deutschlehrer oder wirst ihn noch haben, dem es gelingt, die ungeheure Fülle an Lebensweisheit, die in Goethes Faust steckt, zu erschließen und dabei zu vermitteln, wie lebenspraktisch aber auch vieles in diesem Buch ist.

Es sind die Grundkonflikte, die hier geschildert werden: Darf ich meine Seele verkaufen? Soll ich »immer strebend« mich bemühen, um »zu erkennen, was die Welt im Innersten zusammenhält«? Oder soll ich zum Augenblicke sagen »Verweile doch, du bist so schön«?

Im fünften Akt des zweiten Teils wird z. B. geschildert, wie Dr. Faust in einem Hafen- und Deichbauprojekt sein Glück findet und stolz darauf ist, dass die »Spuren von seinen Erdentagen« nicht untergehen werden.

Die Bibel. Altes und Neues Testament

Ich rede hier nicht über den religiösen Gehalt der Bibel. Dafür sind Theologen kompetent. Ich möchte nur darauf aufmerksam machen, welch kluge Lebensweisheiten man in der Bibel findet. Einige sind in diesem Büchlein angesprochen, z. B. das mit der Entfaltung der Talente oder die Basisidee aller Zeitplansysteme: »Alles hat seine Stunde«.

Es gibt noch andere, z. B. die Geschichte von dem Sämann, der ausging, seinen Samen zu säen. Darin findest du, was Marketingmenschen »Streuverlust« nennen. Nicht alle Ideen, die du in die Welt streust, gehen auf. Wenn du etwa Bewerbungsmappen verschickst, fällt vieles davon auf »steinigen Boden«. Wenn du aber Ausdauer hast, dann geht zwar auch nur weniges auf, aber das bringt tausendfältige Frucht.

Und dann gibt es noch das Evangelium vom »Lernerfolg« – den »Matthäuseffekt«, wie das sogar ein hochkarätiger Naturwissenschaftler nennt: Hermann Haken, der Begründer der »Lehre vom Zusammenwirken«, der Synergetik.

Der »Matthäuseffekt« wird am Ende des Evangeliums von der Entfaltung der Talente geschildert. Er wird zusammengefasst in einem zunächst ziemlich schockierenden und fast ungerecht klingenden Satz, und trotzdem ist gerade das höchste Lebensweisheit: »Wer hat, dem wird gegeben, bis er im Überfluss hat. Und wer nicht hat, dem wird auch das noch genommen werden«.

Wer seine Talente entfaltet, dem kommt dann vieles von selbst. Das Leben schenkt ihm vieles hinzu. Wer sie vergräbt, bekommt nicht nur nichts hinzu, sondern verliert auch das noch.

Hoffentlich gibt es Religionslehrer, die auch diese höchst lebenspraktische Dimension der Bibel jungen Menschen erschließen können.

Über die Arbeit des Autors

Die Zeitschrift »Harvard Manager«, die deutsche Ausgabe der internationalen Zeitschrift »Harvard Business Review«, schrieb über das Denken des Autors, dass er »jenseits aller modischen Führungstheorien, -methoden und -rezepte« einen Denkansatz bietet, »dessen heuristischer Wert ebenso beträchtlich ist wie sein praktischer Nutzen«. Die Natur führe seit Jahrmillionen mit »ihrer Flexibilität und ihrem Einfallsreichtum« vor, wie Entwicklung gewährleistet und gesteuert werden kann.

1. Das wichtigste Können für alle, die Führungsaufgaben haben und Verantwortung tragen in Wirtschaft und Gesellschaft, ist Entwicklungskönnen.

2. Die Evolution ist das seit Milliarden Jahren erfolgreichste Entwicklungsverfahren, das schwere Krisen grandios gemeistert hat, das das Leben sich mit großer Kreativität entfalten ließ und seine Ressourcen optimal nutzen konnte.

3. Das Ergebnis dieses Prozesses ist ein großes Gedeihen in einer ungeheuren Vielfalt und Fülle.

4. Die Evolution ist allerdings mehr als der biologische Prozess. Sie »arbeitet« in unseren menschlichen Systemen weiter mit Ideen, Konzepten und Strukturen. Es gibt eine persönliche, unternehmerische, zivilisatorische, kulturelle und ethische Evolution.

5. Naturwissenschaftler und Philosophen sind zunehmend überzeugt, dass die Evolution sich zu einer »philosophia universalis«, einer »Gesamterklärung des Wirklichen«

entwickelt, wie selbst Joseph Kardinal Ratzinger (seit 2005 Papst Benedikt XVI.) vermutet.

6. Damit wird das Evolutionsgeschehen zu einem großen Lehrmeister für alle, die Führungsverantwortung tragen und für junge Menschen, die in Verantwortung hineinwachsen wollen: Alle Verantwortung ist immer Verantwortung für das Leben und sein Gedeihen.

7. Entwicklungsprozesse sind dann evolutionär, wenn sie »Erkenntnis- und Ertragsgewinn in Rückkopplung« betreiben, also nicht nur in der Masse wachsen, sondern auch klüger werden.

8. Diese evolutionäre Entwicklungsmethode, mit der der Autor arbeitet, ist anwendbar in persönlichen, unternehmerischen und gesellschaftlichen Entwicklungsprozessen. Sie ist die Grundlage der Arbeit des Autors in der Beratung von Unternehmen und im Training von Führungskräften.

Ausgewählte Vorträge und Veröffentlichungen des Autors

Wenn Manager bei der Evolution in die Lehre gehen, Aufsatz in »Harvard Manager«, Heft 4, 1992.

Die Evolutionslehre im Management, drei Artikel in »Blick durch die Wirtschaft« der Frankfurter Allgemeinen Zeitung am 23., 28. und 30. Dezember 1992.

Naturwissenschaftliche Grundlagen des Managements, Aufsatz veröffentlicht im Geschäftsbericht 1995 der Technischen Akademie Wuppertal.

Wirtschaftsentwicklung als evolutionärer Erkenntnisprozess, Vortrag beim Zweiten internationalen Symposium zur evolutionären Erkenntnistheorie an der Universität Wien. Veröffentlicht im Sammelband Riedl/Delpos (Hrsg.): »Die Evolutionäre Erkenntnistheorie im Spiegel der Wissenschaften«, Wiener Universitätsverlag, 1996.

Wachstumsantriebe durch Management und Wirtschafts-politik, Vortrag beim Symposium »Die Ursachen des Wachstums« in der Universität Wien 1995. Veröffentlicht im Sammelband Riedl/Delpos (Hrsg.): »Die Ursachen des Wachstums« (mit einem Vorwort von Dennis Meadows), Wiener Universitätsverlag 1996.

Das Cusanus-Prinzip in Wirtschaft und Gesellschaft. Die »Einheit in den Gegensätzen« als Kern intelligenter Wirtschafts- und Gesellschaftsentwicklung, Vortrag in der Akademie Kues am 26. April 2001 aus Anlass des 600. Geburtstags des Philosophen und Kardinals Nicolaus Cusanus.

Das Arbeitslosenproblem und die ökonomische Diversität, Vortrag am 1. Mai 2001 in der Evangelischen Akademie Tutzing bei der Tagung »Vom Wert der Vielfalt – Diversität in Ökonomie und Ökologie«.

Die Werte in der Gesellschaft als Basis für einen gezähmten Kapitalismus, Vortrag anlässlich der Tagung des »Club of Vienna« im Januar 2004 in der »Urania« Wien. Veröffentlicht in Woltron/Knoflacher/Rosik-Kölbl (Hrsg.): »Wege in den Postkapitalismus«. Edition Selene, Wien 2004.

Der Autor ist Herausgeber des monatlichen Führungsbriefes »Philosophie und Methodik der Unternehmens-Evolution«.

Neuerscheinung Herbst 2005:

Manfred Sliwka

Denkschule Evolution
Führungsintelligenz und Führungsverantwortung
in Wirtschaft, Politik und Gesellschaft

Das Unternehmen Leben ist das erfolgreichste Unternehmen der Welt. Es ist vor mehr als 3,5 Milliarden Jahren begründet worden. Es hat größte Krisen gemeistert, seine Ressourcen optimal genutzt, seinen Umsatz, seine Rendite und sein Kapital konsequent gesteigert. Die Bilanz ist grandios: Ein großes Gedeihen in einer ungeheuren Vielfalt und Fülle. Die Führungsmethode des Lebens ist die Evolution. Es ist die universellste und längstbewährte Managementmethode der Welt, die Ur-Methode erfolgreicher Entwicklung schlechthin.

–   »Denkschule Evolution« ist ein Buch für jene Führungskräfte, die ihrer Führungsintelligenz eine größere Reichweite und ihrer Führungsverantwortung eine höhere Wertebene geben wollen.
–   »Denkschule Evolution« ist ein Buch für alle nachdenklichen Menschen, die als Geführte die Intelligenz oder die Dummheit, die Verantwortung oder die Verantwortungslosigkeit von Führungskräften in Wirtschaft, Politik und Gesellschaft kritischer beurteilen und besser bewerten möchten.
–   »Denkschule Evolution« ist auch ein Buch für junge Menschen, die in Führungsverantwortung hineinwachsen wollen.